LA MONARCHIE EN 1884

PAR

DANIEL BONNARD

AVOCAT, DOCTEUR EN DROIT

ÉTUDE POLITIQUE

BERGERAC
IMPRIMERIE GÉNÉRALE DU SUD-OUEST
3, RUE SAINT-ESPRIT, 3

1884

LA MONARCHIE

EN 1884

LA MONARCHIE EN 1884

PAR

DANIEL BONNARD

AVOCAT, DOCTEUR EN DROIT

ÉTUDE POLITIQUE

BERGERAC
IMPRIMERIE GÉNÉRALE DU SUD-OUEST
3, RUE SAINT-ESPRIT, 3

1884

LA MONARCHIE EN 1884

N ancien ministre, que les débats parlementaires de la loi de 1850 sur l'enseignement ont placé au rang des orateurs et des écrivains les plus distingués de notre époque ; un de ces vaillants lutteurs par la parole et par la plume dans les combats livrés pour la cause monarchique, se trouvait récemment dans un cercle d'intimes désireux de connaître son avis sur la situation politique de la France. On lui posait, entr'autres, ces questions toujours intéressantes, sinon nouvelles : Quel est l'avenir de la Monarchie, depuis la mort de Monsieur le Comte de Chambord ? La République a-t-elle de longues années à vivre ? Comment finira-t-elle ? Et le vieil athlète du Royalisme, retiré depuis longtemps de la politique militante, mais toujours attentif aux hommes et aux événements de son pays, qu'il juge avec une grande rectitude d'esprit, donnait à toutes les demandes cette réponse unique : « *Messieurs, n'insistez pas, mais retenez bien ceci : la Monarchie est aujourd'hui possible en France.* »

Cette affirmation disait peu en apparence ; mais, au fond, elle prêtait aux plus sérieuses réflexions, marquait les espaces parcourus entre le passé et le présent et donnait à tous un encouragement pour l'avenir, à l'heure même où les espérances royalistes paraissaient indéfiniment ajournées.

Imitant cette réserve, tout esprit modéré doit être sobre de prédictions politiques, sous peine de tomber dans les exagérations du journal et de la brochure courante où la bonne foi n'empêche pas toujours l'illusion de tenir la place de la réalité. Les événements politiques se développent et s'enchaînent suivant un système d'évolution qu'il est impossible de fixer à l'avance ; leur marche ne peut être soumise à des règles invariables. Que les hommes expérimentés en ces matières construisent des théories basées sur une grande somme de probabilités, et leurs desseins les mieux concertés tombent un jour devant une circonstance imprévue qui avait échappé à leurs savantes méditations. Un grain de sable n'arrêta-t-il pas les projets de Cromwel ?

Ainsi vouloir prouver dès maintenant que le Gouvernement républicain, dont la politique est incontestablement funeste aux intérêts du pays, aboutira à telle catastrophe, et cela, dans un temps déterminé ; que le renversement de la République se fera aux cris de : Vive la Réforme..... financière ! ou par les barricades des masses ouvrières luttant pour l'existence et la revendication de leurs droits méconnus, ou enfin par un revirement lent et progressif de l'opinion désabusée, serait une entreprise des plus téméraires.

Gardons-nous néanmoins de pousser trop loin la théorie de l'incertitude et du doute ! Gardons-nous aussi de trop compter sur une intervention providentielle sans aucune bonne volonté de notre part. Ce fatalisme politique est condamné par la sagesse des peuples et par l'expérience des siècles. Voyons nos adversaires : ils ne se sont pas emparés du pouvoir en restant dans l'inaction; que d'efforts, au contraire, n'ont-ils pas dépensés depuis vingt ans! Un parti qui se désintéresse des luttes politiques est un parti perdu ; la victoire et l'avenir n'appartiennent qu'aux hommes d'énergie et d'action.

Il est bien sûr que les destinées de la République auront un terme, peut-être peu éloigné, et surtout que le réveil des idées monarchiques se manifeste de jour en jour d'une manière plus éclatante. Et, sans monter sur le trépied des prophètes antiques, nous pouvons affirmer hautement que nous marchons vers une Restauration monarchique. Pourquoi? parce que la Royauté est débarrassée des entraves qui la tenaient captive loin du trône. Tout préjugé, toute division ont disparu de son sein ; aujourd'hui elle est *une* et son *unité* fera sa force et son triomphe.

La vitalité d'un parti se manifeste tout autant par les menaces et les agitations de ses adversaires que par les affirmations et les actes du parti lui-même. La plupart du temps il se trompe et trompe de bonne foi sur sa valeur, parce qu'il prend, malgré lui, comme une augmentation de ses chances ce qui n'est en réalité que la simple recrudescence de ses désirs. C'est donc le parti au pouvoir qu'il faut interroger. Or, depuis quelque temps, la République paraît concevoir de sérieuses inquiétudes au sujet de la Royauté, après l'avoir longtemps traitée comme une institution du passé d'un retour impossible et désormais condamnée à n'exister qu'à l'état de souvenir. Sa manière de voir semble tout à fait modifiée. Elle s'est mise en garde. Elle songe déjà à préparer ses armes pour la défense, à organiser tout un plan de bataille. Hier, par exemple, paraissait une circulaire ministérielle enjoignant à tous les préfets de faire une enquête sur la composition, l'organisation et l'attitude du parti royaliste dans la province ; hier encore, de fortes clameurs étaient poussées dans la presse républicaine pour prévenir charitablement le monde officiel que « l'or des d'Orléans » avait gagné à leur cause un grand nombre de députés, qu'il n'en fallait plus qu'une *cinquantaine* pour acquérir au parti monarchique la majorité dans le Congrès; hier enfin, un député montait à la tribune pour montrer les dangers résultant de la présence tolérée en France du Comte de Paris et l'urgence de lancer contre lui un décret d'expulsion.

Rendons grâce à tous ces ennemis de la Royauté ! Ils ont cherché à lui nuire. Ils n'ont réussi qu'à augmenter sa force et ses chances de réussite, en ajoutant à sa puissance d'actualité.

Quelle est donc la situation de la Monarchie française en 1884 ?

Monsieur le Comte de Chambord est resté le représentant de la Légitimité héréditaire jusqu'au 23 août 1883, jour où la mort vint frapper ce Roi sans couronne, mais « plus grand dans l'exil qu'un roi paré du diadème ; » ce prince qui eut le rare privilège d'avoir forcé l'estime et ravi l'admiration de ses adversaires politiques par les plus belles qualités de l'esprit et du cœur. Affable, bienveillant, toujours égal à lui-même, il charmait tous ceux qui l'approchaient par les accents de sa parole sympathique. Sa haute intelligence, son grand caractère, l'étude et la connaissance profonde des affaires politiques de son temps pouvaient assurer à un peuple sage les bienfaits d'un gouvernement libéral. Sans avoir pris une part active aux agitations de son siècle, son nom ne restera pas moins lié aux grands évènements de son pays. Serviteur fidèle de ma patrie, disait-il à ses partisans, j'entendrai son premier appel, et donnerai, s'il le faut, jusqu'à ma vie pour son bonheur. Aurait-il pu conquérir son trône par les intrigues, les menées basses et sourdes de ces hommes habiles et suspects, qui sont nés pour les coups d'Etat? C'est probable! Mais son caractère loyal, sa conscience honnête l'empêchèrent de concevoir même un pareil dessein. En apparence, il se montra désintéressé de la politique actuelle. Cependant, malgré son ex l et sa retraite lointaine dans les montagnes de Frohsdorff et de Goritz, quel prince fut plus maintenu sur la scène politique? Son influence ne s'est-elle pas manifestée dans le plus grand nombre des évènements de son époque? Quand ses moindres paroles sont-elles tombées dans l'indifférence et dans l'oubli? Et lorsque la mort est venue l'arracher à un double exil, quelle nouvelle retentissante dans le monde entier! Quelles larmes, quels regrets sincères sur ces dépouilles royales enveloppées, comme suprême hommage, dans les plis glorieux d'un drapeau français! Si le Comte de Chambord fut traité en exilé durant sa vie, mort, il reçut tous les hommages dignes d'un souverain, aussi bien de la part de ses propres sujets que de celle des Cours étrangères, qui ont voulu se faire représenter à ses funérailles. L'histoire redira sa vie pleine de généreuses actions. Ses vertus vraiment royales seront offertes en exemples aux princes de l'avenir. Sa mémoire enfin, rayonnant toujours sans effleurer les choses terrestres, qui pourraient la ternir, fera l'objet d'une légende pieuse, d'un caractère parfois merveilleux et dont le récit élèvera l'âme dans une sorte de monde idéal.

Après la mort du Comte de Chambord, les royalistes ont fait entendre leur vieux cri de ralliement et, depuis le 24 août, Monsieur le Comte de Paris est salué comme chef du parti et seul aspirant légitime au trône de nos anciens rois. Ce fait étant accepté et connu de tous, nous essayerons de montrer la Monarchie sous son vrai jour, de faire connaître le Prince, ses idées, sa politique, de combattre les objections et les préjugés qu'il soulève, en indiquant les conséquences probables de son intervention sur la scène politique.

I

Le gouvernement est l'ensemble des pouvoirs publics chargés de la représentation et de l'exercice de la puissance nationale. Il possède telle nature, telle qualité ; il est absolu ou libéral ; telle forme, monarchique ou républicaine ; telle organisation, simple ou composée ; tel âge, ancien ou moderne. C'est donc un être moral et collectif, qui, suivant les lois immuables de la création, doit remplir ses destinées providentielles par une action libre, mais limitée dans le temps et dans l'espace.

Nous allons étudier à ce premier point de vue les deux gouvernements qui nous intéressent : République et Monarchie.

Nous essayerons de démontrer que le gouvernement dont Monsieur le Comte de Paris est le chef aujourd'hui reconnu, se présente avec deux caractères distinctifs et privilégiés : l'*Unité* et la *Stabilité*. Ces deux qualités sont étrangères à la forme républicaine actuelle ; car nous mettons de côté ce gouvernement idéal dont nous serions les premiers partisans, si l'expérience plusieurs fois renouvelée sans succès n'était pas là pour prouver son impossibilité en France. Sans perdre de vue la réalité, il faut juger ce qui est et non ce qui pourrait ou devrait être. Ainsi, en observant les faits et les évènements politiques qui se passent actuellement et ceux dont les dates récentes permettent à tous de conserver le souvenir, nous arriverons, comme déduction forcée, à reproduire nos premières affirmations.

On a dit, avec plus ou moins de vérité, que la République est le gouvernement qui nous divise le moins ; on n'est jamais allé jusqu'à dire *le moins divisé*. En effet, quelles ne sont pas les divergences d'opinion dans ce parti ? Quels sont les points, même les plus essentiels de son existence, qui ne sont pas mis chaque jour en discussion ? Honnêtes républicains, modérés de 1873 et des années suivantes, ces reproches ne vous sont pas adressés ! Pourquoi tendez-vous à disparaître de la scène politique ? Vous avez eu quelques beaux jours, lorsque votre chef, M. Thiers, posait en axiome indiscutable : la République sera conservatrice ou elle ne sera pas. Votre rêve était de fonder une monarchie sans roi ; vous n'avez réussi qu'à laisser mourir en exil un roi sans royaume. Votre édifice est en ruine ; on ne fait même plus à votre programme politique les honneurs de la discussion et si quelques-uns de vos courageux partisans luttent encore, ce n'est que pour faire entendre à la tribune des paroles indignées ; mais ils ne sont plus écoutés et M. de Falloux, voulant définir et caractériser ce petit groupe, a dit avec raison : « Le parti modéré n'est pas un parti, c'est une école. »

Le parti républicain, considéré dans l'ensemble des représentants de l'opinion publique, soit au Sénat, soit à la Chambre des députés, se divise en trois groupes dont les dissidences reposent sur des points fondamentaux. C'est le principe même qui est toujours mis en jeu et combattu. D'abord le groupe le plus nombreux maintient la nécessité d'un gouvernement avec deux chambres et un président, uniquement parce qu'il est au pouvoir et qu'il a bien des raisons pour le conserver. Inutile d'insister. Puis vient le groupe des démocrates avancés, qui traitent la présidence comme un rouage inutile et, selon la pensée de M. Grévy, comme un marchepied offert à la dictature. Ceux-là font tous leurs efforts pour concentrer les pouvoirs dans une Convention nationale. Nous devons toutefois ouvrir une parenthèse pour excepter M. Grévy, qui alors !... mais depuis !... La Commune vient enfin revendiquer ses droits avec son armée vraiment démagogique. Elle ne veut ni président ni assemblée souveraine, mais un mandat impératif, une division du pouvoir suprême comme de la propriété, avec un droit égal reposant sur toutes les têtes, afin que tous les citoyens soient appelés à leur tour à prendre leur part égale des jouissances de la vie.

Sans doute, le gouvernement monarchique même le plus solidement établi ne réalisera jamais une parfaite *unité* dans sa composition, en ce sens que ses éléments divers entraîneront un désaccord forcé sur telle manière de voir et de gouverner ; mais, et c'est ici que la divergence est totale, la dissidence portera sur des points accessoires, pour respecter dans tous les cas un point central où la vie et les forces du pouvoir conserveront la même intensité. Dans la Monarchie qui se présente pour l'avenir, on ne trouve nulle part de ces divisions fondamentales. Aujourd'hui tous les royalistes, les exceptions ne sont pas à compter, acceptent le Comte de Paris comme le seul chef et prétendant légitime à la Couronne. On dira peut-être que toute Royauté veut un Roi, tandis que toute République n'a pas son existence fatalement liée à celle d'un Président. D'accord ; mais la personnalité unique du Prince n'est-elle pas d'une grande importance, ne fait-elle pas la première union du parti ? Le temps est-il encore bien éloigné où nos adversaires nous disaient avec les accents d'une profonde pitié : vous n'arriverez jamais au pouvoir, parce que vous avez, même malgré vous, deux prétendants et que vous n'avez qu'un trône à leur offrir.

Du reste, relativement à la forme du gouvernement, qui songe encore à la Monarchie absolue des siècles passés ? Tous les royalistes sont d'accord sur la nécessité d'un gouvernement représentatif, d'une Constitution réglant les droits et les devoirs d'après une mesure égale. Le parlementarisme et le suffrage universel sont deux puissances du jour qu'un pouvoir quelconque ne saurait détruire sans être entraîné dans leur chute. Le plus vulgaire bon sens commande donc de les respecter, aussi bien que d'affirmer leur maintien intégral, en cherchant toutefois à leur imprimer une direction salutaire aux intétêts du pays. Dans un ouvrage plein de modération et d'intérêt, qui a pour titre : « Royalistes et Républicains », M. Thureau Dangin termine par des conclusions semblables. Il envisage l'avenir et dans le passé il ne craint pas de montrer la Restauration comme « l'âge héroïque du régime parlementaire en France. »

D'après les considérations précédentes, la Monarchie possède donc une qualité de premier ordre, l'*Unité*. Tel est son caractère distinctif et son avantage incontestable sur la République. Cette unité est d'un intérêt considérable au point de vue des chances de *stabilité*, d'une évolution lente et progressive suivant la marche des idées et des évènements, d'une direction intelligente et sage de la part des hommes investis des hautes fonctions publiques, soit comme mandataires de leur pays, soit comme représentants directs de l'autorité royale.

La Restauration est faite et acceptée par la nation, que va-t-il se produire ? Il s'agit sans doute d'une simple supposition, mais est-elle si loin de la réalité ! La majorité de l'opinion se divise pour former, si l'on veut, la droite, le centre droit et le centre gauche. A la Chambre des députés, au Sénat, dans la presse libre, dans la France tout entière on discute, mais sur quoi ? Sur le principe gouvernemental et sur le programme politique qu'il comporte, évidemment non ! On ne met plus en discussion sérieuse que des réformes ou des institutions, souvent d'une grande importance, mais jamais capables de porter une atteinte grave à l'existence du gouvernement : de là sa stabilité. En Angleterre, tout ce qui appartient aux principes d'organisation et de fonctionnement des pouvoirs publics est stable. Aussi son histoire contemporaine nous offre peu d'exemples de ces changements brusques dans les idées, de ces luttes continuelles entre le passé et le présent ; néanmoins la politique de ce pays se perfectionne sans cesse suivant la marche du progrès et des événements.

Dernièrement encore le roi Alphonse XII pouvait, sans révolution, faire tomber la présidence trop républicaine de M. Sagasta et confier la direction de sa politique à un homme d'Etat toujours libéral, mais d'une conduite plus ferme et plus en harmonie avec le principe monarchique, à M. Canovas del Castillo. Le fait qui vient de se passer en Espagne prouve qu'une Monarchie constitutionnelle est susceptible de revenir en arrière et de s'arrêter dans la mauvaise voie où elle se sent engagée. Dans tous les cas, elle évite ces bouleversements dans les institutions, ce déchaînement continuel de passions et d'intrigues, ces tiraillements en tous sens, ces usurpations de pouvoir des groupes dissidents et qui, tantôt vainqueurs, tantôt vaincus, cherchent toujours à imposer une domination absolue, enfin ces luttes intestines qui condamnent le gouvernement à l'impuissance en présence de l'anarchie envahissante. Comme dernière conséquence, les hommes appelés à la représentation de l'autorité souveraine exercent une influence plus durable et plus salutaire. Point de ces modifications quotidiennes dans le personnel des fonctionnaires ; point de ces compétitions, de ces désirs effrénés d'arriver aux honneurs, qui hantent souvent les esprits les plus vulgaires encouragés par l'exemple ou un premier succès ; point de ces délations honteuses dont le seul but est de renverser les favoris de la fortune d'une place longtemps convoitée et surtout pourvue d'un gros traitement.

En attendant que se passe-t-il sous la République actuelle ? Constatons simplement les faits. Que d'hommes nouveaux paraissent et disparaissent de la scène politique sans laisser même le souvenir du nom ! Quelles compétitions, quelle diversité dans la manière de voir et de gouverner ! Même, que de revirements dans la majorité de l'opinion publique ! Quelques souvenirs historiques, et on verra qu'il n'y a rien d'exagéré dans ces critiques. M. Thiers avait un système opposé à ceux des ducs de Broglie et d'Audiffret Pasquier ; ceux-ci ne pouvaient s'entendre avec MM. Dufaure et Jules Simon qui restent cependant loin de M. Gambetta. Enfin la politique de M. Ferry n'a-t-elle pas des divergences fondamentales avec toutes celles qui l'ont précédée ? L'énumération est très incomplète. Elle ne porte que sur les personnages les plus en vue au pouvoir. Que serait-ce si tous les chefs présents et passés des groupes républicains étaient appelés à comparaître ! Si nous jetons ensuite un coup d'œil sur la marche des évènements depuis 1870, depuis la République conservatrice de M. Thiers jusqu'à celle de M. Ferry, d'un caractère essentiellement *réformiste*, il nous est impossible d'entrevoir un temps d'arrêt : nous marchons toujours vers un système plus avancé, en somme vers l'anarchie. La pente est devenue trop raide et glissante pour s'arrêter et le précipice est au bout ! Comptons seulement les ministères qui se sont succédé depuis 1870... mais ce n'est même pas possible, la liste serait trop longue !...

Comme conséquence dernière, il résulte de cet état de choses une effervescence dans les esprits, un malaise, une crainte générale dans les affaires, une atteinte profonde aux grands intérêts du pays. L'agriculture souffre, l'industrie et le commerce subissent de grosses pertes et la situation extérieure se montre de plus en plus compromise.

II

Jusqu'ici nous sommes restés dans le domaine des généralités. Elles peuvent se résumer ainsi : la Monarchie, reposant aujourd'hui sur un principe unique, rallie tous ses partisans autour d'un même prince, d'un même drapeau, d'un même système gouvernemental ; de ces bases solides et de cette entente générale résultent des chances certaines de stabilité, de cohésion et de force, nécessaires dans un pays sans cesse ballotté entre le césarisme et l'anarchie.

Tel est le premier caractère distinctif de la Royauté ; tels sont ses premiers avantages sur le régime républicain actuel.

Dirons-nous maintenant, avec plus de détails, quel sera le programme, le mode de fonctionnement d'une Monarchie constitutionnelle dans les grandes questions relatives à la politique intérieure et extérieure ? Quelle solution elle apportera à ces questions si importantes, intéressant la religion, les finances, les réformes sociales, la crise ouvrière, la situation industrielle, commerciale et agricole ? Dieu nous garde de paraître trop affirmatif ou infaillible dans nos prédictions ! En matière politique, il faut sans cesse compter avec l'imprévu providentiel. Du reste, du soir au lendemain les évènements changent de face ; ils sont parfois plus forts que les hommes ; ils déjouent tous leurs desseins. Une seule chose reste immuable, c'est le passé, et il nous paraît impossible d'édifier un système gouvernemental raisonnable sans consulter l'histoire, profiter de ses enseignements salutaires, éviter les fautes commises et jugées sans appel d'après leurs résultats funestes. Ne faut-il pas encore suivre l'esprit de la nation avec ses idées, ses mœurs, ses tendances, ses progrès du jour? Un prince peut-il enfin oublier ces belles paroles prononcées par le duc de Bourgogne et redites par Saint-Simon : « Les rois sont faits pour les peuples et non les peuples pour les rois. » Ce sera donc en p enant pour guide des institutions qui ont obtenu l'assentiment général, en rapprochant les événements passés de la situation actuelle et surtout en faisant une moyenne de l'opinion publique sage et éclairée, que nous dirons, suivant quelques souvenirs et impressions tout personnels : le gouvernement monarchique, objet de tous nos vœux et de nos espérances, sera probablement *ceci;* à coup sûr, il ne sera pas *cela.*

La Monarchie est rétablie en France. Le Comte de Paris est monté sur le trône. Il prend le titre de Philippe VII, uniquement parce qu'il continue la série brillante et plusieurs fois séculaire de nos rois de France, sans penser à autre chose qu'à la tradition suivie dans tout pays monarchique, sans que ce seul titre éveille la moindre idée de liaison forcée entre le passé et l'avenir. Ce fait, heureusement accompli, ne sera point le signal de sanglantes représailles. Même, ces agitations et bouleversements, résultant d'un triomphe absolu des idées nouvelles et d'un contrepied en tout et quand même de la politique ancienne, ne sont pas à c aindre. Jamais les portes ne seront ouvertes aux déchaînements des passions, des haines et des vengeances. Jamais une Restauration sagement ménagée ne sera synonyme de « contre-Révolution ».

M. Royer-Collard dit avec raison : « Ce n'est pas toujours le nombre des supplices qui sauve les empires ; l'art de gouverner les hommes est plus difficile et la gloire s'y acquiert à plus haut prix. » Sans nul doute le pays réclame bien des réformes ; mais ces changements dans la manière de gouverner seront opérés suivant une évolution politique lente et progressive, toujours avec sagesse et modération. Le *bon* sera scrupuleusement respecté ; le *passable* habilement amélioré ; le *mauvais* supprimé sans porter une atteinte grave aux intérêts privés, aux droits et à la liberté des consciences. Tous les serviteurs de la Royauté vraiment dévoués et intelligents prouveront qu'ils ont beaucoup oublié et beaucoup appris : qu'ils ont appris surtout une politique de rapprochement, de conciliation, de fusion de tous les partis, d'union conservatrice, comme on dit aujourd'hui. Que les hommes timorés se rassurent donc. Un certain nombre déplore les fautes et les témérités du gouvernement actuel. Mais ils sont effrayés par la perspective des agitations, du mouvement insurrectionnel que ferait naître dans le pays l'arrivée au pouvoir d'un gouvernement nouveau, fût-il même meilleur que le précédent. A leurs yeux, la République a un grand mérite, celui d'être en possession. C'est un mauvais instrument dont il faut continuer à se servir en cherchant à le perfectionner.

Leur illusion doit tomber. Leur croyance est en contradiction formelle avec les souvenirs du passé, avec les enseignements qui se trouvent dans les discours et la ligne de conduite des Richelieu, des de Serre, des Martignac, et de tant d'autres hommes à la fois distingués et libéraux qui passèrent au pouvoir sous la Restauration comme sous la Monarchie de Juillet et dont les efforts constants tendirent « à persuader à la France moderne que la vieille dynastie n'était pas moins jeune et moins moderne qu'elle-même. » M. Guizot, parlant à l'Assemblée législative de 1830, affirme, d'après sa conviction profonde, que tout gouvernement nouveau « doit rester fidèle à cette espèce de conciliation et de modération, à ce ménagement de tous les intérêts, à ce balancement impartial entre le passé et le présent. »

Continuant de nous adresser aux timides qui hésitent encore dans la crainte d'une réaction trop violente, à tous ceux qui réclament des réformes amenées avec sagesse et modération, nous leur montrerons qu'un gouvernement ferme, mais avant tout conciliant, doit résulter des qualités morales du Prince qui en est le chef.

Ce n'est pas un enfant qu'il s'agit de placer sur le trône ; Monsieur le Comte de Paris possède tous les développements de l'âge mûr. Par son passé il est facile d'apprendre, dès maintenant, ce qu'il est, ce qu'il sera. Que la critique la plus sévère cherche, fouille profondément dans sa vie privée comme dans sa vie publique : elle ne saurait y découvrir la plus légère tache. Doué d'un caractère droit et honnête, compatissant et généreux devant l'infortune, d'un esprit d'élite autant par les dons naturels que par l'étude des grands problèmes sociaux et l'observation constante des hommes et des événements politiques de son siècle, Monsieur le Comte de Paris possède une *organisation morale des plus complètes*. L'austérité de ses mœurs, la dignité de sa personne, lui donnent un maintien calme et réservé et lui font reprocher comme froideur et indifférence ce qui est le résultat d'une grande puissance de réflexion. Sa parole est en général douce et bienveillante ; elle est accompagnée d'une grande sobriété dans le geste ; elle devient facilement sévère et vibrante dans le feu de la discussion. A toutes les époques de sa vie, son caractère s'est révélé mâle, ferme, exempt de faiblesses comme d'emportements. Son courage, soumis aux plus rudes épreuves, n'est resté au-dessous d'aucune situation. Ainsi le Prince voit son prestige grandir chaque jour aux yeux de son parti. Par la révélation de ses nombreuses qualités, il acquiert un avantage incontestable sur ses concurrents ; d'autant mieux qu'il les couronne toutes par des convictions religieuses profondes et éclairées, qui lui donnent au plus haut degré la force et le sentiment du devoir.

L'homme soutenu par une croyance religieuse inébranlable et par une confiance absolue dans son bon droit est en effet le plus fort de tous les hommes ; s'il est vraiment *chef* et *catholique*, il ne reculera jamais, lorsque sa conscience lui ordonnera de commander et de marcher devant lui. Le sceptique est parfois courageux, le croyant l'est toujours. Pour juger Monsieur le Comte de Paris comme soldat, il suffit de rappeler « qu'après un long voyage en Égypte, en Syrie et à Constantinople, il partit pour l'Amérique, désireux de se soustraire à l'inaction de l'exil et de connaître ces émotions viriles de la vie de soldat, qui trempent fortement le caractère, en même temps qu'elles élèvent l'âme. » Suivi de son jeune frère, le duc de Chartres, il s'engagea dans l'armée des États-Unis, prit une part glorieuse à la guerre qui devait donner à ce grand peuple la victoire avec l'indépendance de ses droits, prouvant par son intrépidité au milieu des batailles « qu'il était vraiment Bourbon de cœur et de race. » Après être rentré dans la vie privée, il a consacré à l'étude ses années d'exil en Angleterre. Il a publié en 1868 un ouvrage fort remarqué sur l'histoire et l'organisation des sociétés ouvrières dans les grandes villes manufacturières de ce pays. Plus tard Monsieur le Comte de Paris s'est fait connaître et justement apprécier comme historien par un récit fidèle et plein d'intérêt des phases diverses de cette guerre sanglante des États-Unis, dont il juge la tactique et les conséquences en prince déjà familier avec les grandes opérations militaires, l'organisation et la marche des armées. Connaissant le Prince, passons à son drapeau !

Toutes les fois qu'il s'est agi de relever la Monarchie héréditaire dans notre pays, le parti légitimiste s'est heurté contre l'ignorance et le préjugé populaire. Au 16 comme au 24 mai, des objections nombreuses furent soulevées contre le retour de la Royauté ; elles sont aujourd'hui tombées en lui laissant une situation sans contredit plus favorable.

Disons la vérité : il fut un temps où certains conservateurs, pressés de défendre la politique de Monsieur le Comte de Chambord, répétaient sans cesse : « Mais l'*entourage !*..... mais le *drapeau !*..... Sans ces deux causes d'incidents malheureux, mais inévitables, la *fusion* aurait été acceptée sans réserves, la Monarchie serait rappelée depuis plusieurs années ; et dans le cas contraire, nous serions les premiers à soutenir qu'elle est la seule forme de gouvernement capable de rendre à la France les avantages que la République lui a fait perdre. Le drapeau blanc a eu ses gloires, nous les saluons avec respect. Mais il cache dans ses plis glorieux un trop grand nombre de préjugés, pour que cette majeure partie de la nation qui veut et ne raisonne pas consente jamais à l'accepter. On aura beau dire et beau faire, elle le verra toujours accompagné de l'effarouchant cortège de l'ancien régime, dont les républicains se servent avec succès pour effrayer l'imagination populaire et qu'ils lui présentent comme un fantôme bien fait pour éveiller une insurmontable aversion et parfois d'aveugles emportements. » « Il est possible, disait Berryer, qu'au lendemain d'épouvantables catastrophes, le pays accepte et redemande le drapeau blanc ; serait-ce une force pour la Royauté ? ayons le courage de le dire : Non ! A peine revenue au calme, la

France ferait payer bien cher ce passager oubli de ses préventions populaires. Au moindre mouvement d'humeur, elle ressaisirait le drapeau de ses préjugés, et en un clin d'œil, une révolution serait accomplie. » Que cette partie de la nation inquiète et jalouse de conserver ses préjugés absurdes se rassure donc, que les cœurs de certains royalistes trop fidèles à des sentiments et à des croyances avant tout respectables ne se ferment pas aux espérances de l'avenir. La question du drapeau, avec les difficultés et les objections qu'elle a fait naître, n'existe plus depuis la mort de Monsieur le comte de Chambord. Le drapeau blanc était uni aux destinées d'un prince qui n'est plus. D'autre part le drapeau tricolore est resté invinciblement lié aux destinées militaires des princes de la famille d'Orléans, d'où une acceptation forcée de la part de tous ceux qui ont loyalement reconnu Monsieur le comte de Paris comme le seul prétendant légitime à la couronne: Saluons tous le drapeau de Jemmapes et d'Austerlitz !

M. Sauzet, avocat royaliste et défenseur de M. de Chantelauze dans le procès intenté aux ministres de Charles X, conclut ainsi sur la nécessité de maintenir les trois couleurs nationales : « Qu'on prenne garde aussi d'humilier la nation en proscrivant ses trois couleurs..... Ce drapeau qui rappelle à la fois les conquêtes de 1789, les victoires de l'Empire, les prospérités libérales de 1830, ce drapeau a achevé de s'implanter dans le sol depuis le jour où il a vaincu le drapeau rouge et écrasé l'anarchie. Il ne saurait désormais se séparer des destinées de la patrie. »

III

La conciliation poussée à l'excès devient une faiblesse ridicule ; d'autre part la modération n'est pas exclusive d'une grande fermeté dans la conduite. La Monarchie acceptant la succession ouverte de la République ne devra pas perdre de vue ces deux considérations. On ne peut dissimuler que sa responsabilité sera lourde ; que le pays attend d'elle un certain nombre de réformes urgentes. Sur plusieurs points du territoire, nos institutions en souffrance réclament un prompt secours, et cependant le remède sera difficilement accepté, parce qu'il brisera les traditions républicaines ; parce que quatorze années d'un gouvernement républicain n'auront pas passé sur la France sans créer des tendances et des habitudes déjà profondément enracinées, avec lesquelles on aura de la peine à rompre. Prenant l'édifice par la base, le peuple sera d'abord éclairé sur l'idée qu'il doit se faire de l'exercice d'un pouvoir sage et pondéré.

Or, comment lui a-t-on montré et fait envisager le principe de toute autorité respectable ? Comme un joug d'un poids intolérable, qu'il doit secouer sans cesse pour s'en débarrasser à la première occasion. Les haines, les passions, les convoitises les plus basses, tels sont les dieux du jour qu'on lui donne à servir. Quiconque lui parle morale doit être son ennemi.

La politique actuelle a cherché et obtenu ce résultat déplorable de remplacer dans la conscience populaire l'idée religieuse par une idée matérialiste qui ne peut aboutir qu'à une confusion complète des droits et des devoirs de chacun, qu'à la création de faux rapports entre gouvernés et gouvernants. Ici la République n'est pas à son coup d'essai. La situation qu'elle nous a créée est loin d'être sans précédents dans l'histoire ; on peut même découvrir à la fin de toutes les Républiques les mêmes symptômes, les mêmes caractères de violence, d'arbitraire, d'effervescence continuelle dans les esprits.

Si nous rappelons, par exemple, les événements qui signalèrent la fin et les conséquences de la Révolution de 1830, on ne pourra s'empêcher d'y découvrir une analogie frappante avec l'état actuel.

A peine Louis-Philippe monté sur le trône et reconnu par les puissances étrangères eut-il constitué un premier ministère de transition avec les hommes ayant appartenu au parti libéral de la Restauration, à peine la charte revisée eut-elle provoqué le serment du nouveau Roi, que le parti révolutionnaire chercha de nouveaux prétextes pour reprendre ses mouvements insurrectionnels. Le triomphe inattendu des royalistes à l'Hôtel de ville l'avait un moment dispersé et frappé de stupeur. Il n'avait pas tardé à reparaître plus menaçant que jamais, à se rallier partout à la voix des chefs. Dès lors, les faits les plus insignifiants devinrent un sujet grave de mécontentement et furent habilement exploités par les meneurs pour soulever les masses contre le nouveau régime. Le prince de Condé vint à mourir et sa fin mystérieuse fut lancée comme une attaque vers le trône.

Peu après, cette même foule, car de telles exigences viennent toujours de la rue, réclama le procès des ministres de Charles X, comme de justes représailles contre un gouvernement tombé. La Révolution menaçait encore, et le Roi, n'ayant que des forces insuffisantes à lui opposer, crut prudent de ne pas pousser ses colères à l'excès : il autorisa les poursuites, mais en faisant les efforts les plus louables pour sauver ces hommes, que la majeure partie de la nation considérait déjà comme plus imprudents que coupables. La vengeance populaire, qui réclamait une condamnation à mort, ne fut pas satisfaite; il s'ensuivit un commencement d'émeute heureusement réprimé. Les émeutiers abandonnèrent les barricades pour préparer une nouvelle tactique, porter la lutte sur un terrain différent. Désormais ils attaqueraient le trône par l'autel : ces deux puissances paraissant solidaires et rapprochées par les mêmes intérêts, ils crurent que le renversement de l'un entraînerait la chute de l'autre. La campagne antireligieuse fut ouverte le 14 février. C'était l'anniversaire de la mort du duc de Berry, du crime de Louvel, dont le souvenir sanglant avait laissé dans le cœur des légitimistes une douleur bien vive et légitime. La manifestation de leur deuil aurait dû conserver un caractère privé : ils eurent le tort de vouloir le transformer en un deuil public, d'imposer à un peuple hostile des protestations d'amitié et de dévouement en faveur de la branche aînée des Bourbons. Un service solennel fut commandé et célébré à Saint-Germain l'Auxerrois, en présence des royalistes désireux d'affirmer leur nombre et leur foi. La cérémonie à peine terminée, des bandes d'insurgés envahirent l'église. La police fit une première fois évacuer l'enceinte, mais au dehors elle ne put disperser la foule menaçante, et bientôt le bataillon serré des cannibales, poussant son premier cri de guerre contre le Roi, la Religion et ses ministres, se rua avec fureur contre les portes et envahit le saint lieu pour commencer ses impies saturnales. Au milieu du pillage, les objets sacrés furent livrés à de honteuses profanations; quelques royalistes furent lâchement massacrés; l'église entière fut saccagée, et, au dire d'un historien du temps, « cet admirable monument de la piété de nos pères ne présenta bientôt plus qu'un triste amas de décombres. » Le lendemain, l'impiété populaire chercha un nouveau triomphe dans le sac de l'Archevêché, resté tristement célèbre dans nos annales. Là comme à Saint-Germain l'Auxerrois, la même foule commit les profanations et les sacrilèges les plus révoltants, après avoir pillé, brisé tous les meubles et jeté dans le fleuve jusqu'aux livres rares composant une bibliothèque d'une grande valeur. « De toutes les orgies, a dit avec raison M. Guizot, celles de l'impiété populaire sont les pires. » Ajoutons que les armes dont elle se sert sont très différentes. Tantôt, comme au 14 février, elle a recours à des moyens violents pour porter à la Religion des coups qu'elle croit mortels; tantôt elle met en avant la ruse, l'artifice et même un semblant de légalité. Au moyen de prétendues lois ou décrets existants, elle renverse les emblèmes religieux dans les écoles; elle supprime les corporations religieuses; elle défend au prêtre de donner à nos enfants les bienfaits de l'enseignement religieux en dehors de l'église. Prenons garde! Le premier genre d'attaque est peut-être moins funeste, en ce sens que l'opinion publique ne tarde pas à faire entendre ses protestations indignées, à bannir l'indifférence ou la crainte, à organiser une défense énergique pour faire triompher en peu de temps une réaction dans un sens tout opposé. Dans le second cas, la conscience religieuse s'endort, trompée par les apparences, ou ses révoltes sont vite calmées par des promesses mensongères, et le jour du réveil ne laisse que des larmes et des regrets.

Dans ces jours de persécutions religieuses, dont la responsabilité la plus lourde pèse sur les hommes de la

Révolution de 1830, on a fait au gouvernement de Juillet le reproche mérité d'avoir mis trop de lenteur à sévir contre les coupables. D'après plusieurs historiens, l'émeute aurait été traitée par lui sinon avec complaisance, au moins avec trop de ménagements. Dans certaines éventualités, la critique est trop prompte. Elle n'est surtout pas assez disposée à tenir compte des circonstances atténuantes pour fixer le degré de culpabilité. Est-il possible, en effet, à un gouvernement à peine organisé, encore battu en brèche sur tous les points, d'organiser en quelques heures un système complet de défense ? Est-il même prudent de faire couler à flots le sang des révoltés ; de pousser au paroxysme les colères du peuple ; d'engager une lutte à mort contre l'émeute, alors que les moyens de l'abattre d'un seul coup sont insuffisants, et que les représentants de l'ordre et de l'autorité ont des chances de succomber dans ce combat inégal ? Non ! Il n'est pas vrai, du reste, que la Monarchie de Juillet ait été animée de sentiments révolutionnaires et anti-religieux. Si au début de son existence elle a fait preuve de prudence et de conciliation, on ne saurait lui en faire un crime. Les événements commandaient sa politique. Plus tard, lorsqu'une organisation complète lui rendit des forces suffisantes, oh ! alors, plus de faiblesses, plus d'hésitations. Nous voyons arriver, dès 1831, à la tête du gouvernement un de ces hommes d'un esprit droit et honnête, mais surtout d'un caractère indomptable, un grand ministre, dont la Royauté s'honore à juste titre, M. Casimir Périer, qui, ne transigeant jamais avec le parti du désordre, le réduit partout à l'impuissance, rétablit partout le calme et inaugure l'ère brillante des prospérités de la Monarchie de Juillet.

Inutile d'entrer dans le récit des troubles religieux qui ont divisé l'opinion publique pendant ces dernières années. Ils ont laissé dans tous les esprits des souvenirs bien vivants. Ils imposent à une Monarchie nouvelle un rôle pacificateur. Comme en 1830, elle se trouvera en présence d'un parti révolutionnaire bien armé pour renverser le trône par l'autel; comme en 1831, elle devra confier ses destinées à un de ces hommes aussi énergiques dans l'action que modérés dans le dessein, toujours acquis et dévoués à une politique de résistance contre l'anarchie. L'Église et l'État auront un domaine fixé dans son étendue, de manière à éviter toute confusion entre le *temporel* et le *spirituel*, toute suprématie de l'un sur l'autre. Le trône et l'autel ne devront point former entre eux un lien indissoluble et solidaire de telle sorte que l'idée politique reste invariablement liée et confondue avec l'idée religieuse. Mais de tels principes ne sont nullement exclusifs d'un gouvernement religieux, respectueux des droits imprescriptibles de la conscience, favorisant la manifestation libre des croyances et l'enseignement de la morale religieuse, donnant enfin à tous les cultes une part égale à son respect et à sa protection. Un grand nombre de libertés ont été enlevées à l'Église catholique, par l'application de prétendus lois et décrets contraires à la liberté individuelle et au droit inviolable de propriété. Elles lui seront rendues. On sait, par exemple, qu'une décision, généralement condamnée par l'opinion publique, a supprimé les aumôniers militaires. Que nos hôpitaux laïcisés voient sans tarder reparaître ces héros de la foi que nos soldats aiment à trouver sur les champs de bataille, comme au milieu des mers lointaines, pour recueillir leur dernière pensée, en recevant d'eux une dernière parole de paix et d'encouragement !

IV

L'Angleterre doit en grande partie ses forces nationales et ses influences civilisatrices à son mouvement industriel et commercial dans le monde entier. L'industrie s'étend et se perfectionne à son tour par la quantité et la qualité des productions, d'où il faut croire qu'une des premières causes des prospérités matérielles d'un peuple se trouve dans la valeur des classes ouvrières.

A ce point de vue, quel avenir nous est réservé? Si l'ouvrier réclame sans cesse une augmentation de salaire, ou une diminution dans la durée du travail journalier; si le patron doit repousser ses exigences; si la grève se déclare, les machines s'arrêtent, l'atelier chôme, les matières premières s'entassent dans les magasins et cet industriel est placé dans une alternative également funeste : ou il ferme son usine, et les dépenses improductives absorbent vite le capital; ou il recule devant une mesure aussi radicale, mais alors, il doit lui-même élever les prix de ses ventes et ne peut lutter contre la concurrence étrangère, qui, vu la facilité des transports et le coût moins élevé de la main-d'œuvre, encombre nos places de marchandises et les livre à bien meilleur marché. Les ouvriers sont les premières victimes de leurs grèves, et le plus souvent la fin de leur résistance est marquée par la misère et les plus dures privations. Il y a quelques mois à peine, des bandes ouvrières, ameutées par la faim, parcouraient les rues de la capitale en proférant des cris séditieux, des menaces de mort même contre le Président de la République, roi fainéant qu'elles voulaient arracher de force aux délices de l'Elysée. Elles enfonçaient les portes des magasins, envahissaient les boulangeries pour prendre de force le pain que leur travail ne pouvait plus leur fournir. Est-il encore possible de parcourir les colonnes d'un journal sans y trouver l'annonce d'une grève nouvelle et le récit détaillé des révoltes des mineurs d'Anzin ou d'ailleurs? Et l'ordre social reste sans cesse menacé. Dans la presse comme dans les clubs, la liberté de parler et d'écrire est devenue une licence effrénée. C'est là un foyer toujours incandescent, d'où jaillissent toutes les haines jalouses de celui qui n'a pas contre celui qui a; toutes *les fausses doctrines qui font du peuple la première puissance du jour. Lui prétend que ses droits et ses intérêts sont sans cesse foulés aux pieds; il cherche à le prouver, et on le laisse faire et dire. L'orateur acclamé par la foule lui représente le bourgeois, l'industriel, comme son ennemi juré; l'exercice d'un pouvoir modéré, comme le rétablissement de l'esclavage.*

Pour apporter un remède efficace aux grèves dont notre industrie souffre chaque jour davantage, la Monarchie cherchera à développer le bien-être des classes ouvrières. Surtout elle prendra la question de plus haut. Elle rétablira dans les esprits le calme par la notion du devoir et l'enseignement d'une morale religieuse. Elle enseignera à l'ouvrier où sont ses vrais intérêts. *Qu'il reconnaisse son impuissance à niveler toutes les classes, à confondre tous les intérêts! Qu'il vive en paix à côté de tous ceux qui doivent lui rester supérieurs par la fortune et par les honneurs.* Ce sont les décrets immuables de la Providence. Mais s'il persiste dans la révolte, alors, point de ces faiblesses, de ces complaisances dont l'histoire du Gouvernement de Juillet nous montre les dangers. Que la force publique « poursuive jusque dans leurs repaires » ces hordes révolutionnaires, que la crainte seule du châtiment et des baïonnettes peut faire rentrer dans l'ordre et dans le devoir.

Nous avons déjà dit que le gouvernement de Juillet avait commis l'erreur de confondre le vrai peuple, digne de toutes ses sympathies et de toutes ses faveurs, avec ces masses turbulentes, sans cesse révoltées contre le pouvoir. Pour les combattre, il se contenta de la persuasion, de la ruse, de la temporisation. Il recula souvent devant une action rapide, à ciel ouvert, avec l'effet *moral* d'un grand déploiement de troupes. Il eut tort, et reconnut trop tard les faiblesses de sa politique. Lorsque la Charte de 1830 fut mise en vigueur avec ses libertés, ses garanties nouvelles, le roi Louis-Philippe voulut en confier le maintien et celui de tous les droits qu'elle consacrait au patriotisme et au courage du *peuple armé.* C'était pousser trop loin la confiance et l'illusion! La Révolution de Février devait en donner la preuve la plus éclatante. L'erreur provenait de la croyance qu'une Royauté pouvait se fonder avec des bases immuables sur un principe exclusivement démocratique, qu'elle pouvait avoir pour unique devise : « *Tout par le peuple et pour le peuple.* » Dépourvue des origines et des traditions qui auraient justifié son avènement aux yeux de tous, elle chercha la consécration de ses droits dans l'expression d'une volonté nationale toujours respectée sans aucune réserve. Le peuple souverain l'avait fait sortir du Palais-Royal pour acclamer son roi à l'hôtel de ville au milieu des embrassements de Lafayette, et quand ce même peuple, devenu son maître absolu et plus tard un instrument aveugle de la Révolution, tournait contre « *ce roi des barricades* » les armes qu'il lui avait confiées pour le défendre, quoi de surprenant à ce qu'il ait refusé de frapper avec énergie ces masses de factieux que son principe, son caractère pacifique et jusqu'à son serment lui commandaient de respecter ?

Certains ministres de Louis-Philippe, et surtout M. Casimir Périer, ne craignirent pas de lutter contre les tendances de la cour et de se mettre en opposition avec le château, par l'application d'une politique de résistance. La postérité a déjà rendu justice à son œuvre. Elle doit encore reconnaître qu'il eut l'énergie de sa tâche dans l'exercice aussi rude que difficile du nouveau pouvoir.

Pendant les années de 1830 et 1831, le parti socialiste voulut, comme de nos jours, se servir de la crise ouvrière pour s'emparer du pouvoir.

Partout des Sociétés populaires s'étaient fondées pour la propagation des théories les plus perverses. Leurs chefs, s'adressant à la foule, lui prouvèrent que les vrais triomphes de la classe ouvrière devaient se reporter au règne de la Terreur ; que les seuls patriotes, doués de toutes les vertus politiques et morales, furent Marat, Saint-Just et Robespierre. Les hauts faits de Danton furent publiquement célébrés. A côté, avec moins d'exagérations, mais toujours dangereuses, nous trouvons les doctrines saint-simoniennes et celles d'autres sectes semblables. Toutes ces Sociétés de secours mutuels n'avaient d'autres résultats que d'inspirer au prolétariat des sentiments de révolte, en lui montrant son sort comme le plus injuste et le plus pénible à supporter. Aussi le résultat ne se fit pas longtemps attendre. Ici, une boutique fut pillée ; là, une imprimerie détruite de fond en comble, sans autre motif que d'exercer une vengeance contre le propriétaire. L'ouvrier prit également pour prétexte la réclamation de salaires plus élevés, et il répondit au refus du patron en se mettant en grève. Il s'ensuivit une misère profonde pour la classe ouvrière et une série non interrompue de faillites pour les industriels. Sur la place de Paris seule, on en compta une moyenne de dix par jour, pendant les trois derniers mois de 1830.

A Lyon, les événements amenés par la crise ouvrière eurent un caractère de gravité plus alarmant. Le personnel occupé dans les divers ateliers de la ville ne comptait pas moins de 40,000 individus. Le gouvernement se trouvait donc en présence d'une véritable armée bien organisée et toute prête à répondre par des coups de feu aux injonctions de l'autorité civile et militaire. M. Bouvier-Dumolart, préfet de Lyon, suivant la tactique gouvernementale, voulut temporiser, calmer le mouvement insurrectionnel en allant, au centre même de l'émeute, proposer une transaction avec des paroles de paix et d'encouragement à reprendre le travail interrompu. Il fut partout reçu en ennemi, maltraité, et faillit périr victime de son dévouement. Il fallut bien se décider à employer la force armée. La garde nationale franchit plusieurs fois les barricades, sous le feu des insurgés, laissant dans les rues un certain nombre de morts et de blessés et sans réussir à empêcher l'émeute de gagner du terrain. Alors seulement toutes les troupes disponibles dans la ville furent mises en avant, et sans plus de succès, car, serrées de près et menacées d'être entourées par les insurgés, le général Roguet, qui les commandait, donna l'ordre d'évacuer la ville pour aller en dehors des murs occuper de fortes positions en attendant des renforts. En même temps il informait le gouvernement de sa retraite forcée, lui montrait les progrès rapides de l'émeute, la gravité de la situation, et concluait à la nécessité d'un prompt rassemblement de toutes les garnisons voisines de Lyon. L'ordre fut enfin donné de rassembler 50 mille hommes. Ils devaient être employés à investir la ville pour empêcher toute communication avec le dehors, en attendant l'arrivée du maréchal Soult, qui, suivi du jeune duc d'Orléans, avait quitté Paris pour prendre le commandement en chef et commencer les opérations offensives. Le résultat fut inespéré. Dès le 3 décembre, M. Casimir Périer paraissait à la tribune pour annoncer aux Chambres que le maréchal avait marché sur Lyon, dont les portes lui avaient été ouvertes par les ouvriers eux-mêmes, sans coup férir, et qu'il avait pu rétablir partout l'ordre dans la ville, sans avoir à verser une goutte de sang. De ce fait historique, tirons cette conclusion : que si des mesures promptes et énergiques suffisent pour arrêter, dans certains cas, une insurrection déjà organisée et encouragée par le succès, l'effet est bien plus certain si elles sont employées contre l'émeute au premier jour de son apparition.

Monsieur le Comte de Paris conservera, dans l'exercice du pouvoir, les mêmes idées libérales qui figurent sous forme de principes dans son ouvrage sur les associations ouvrières. « Le progrès social des classes ouvrières, dit-il, et la solution pacifique des grandes questions qui s'y rattachent sont, dans tous les pays, indissolublement unis à la liberté politique. » Mais aussi il saura garder mémoire de cette déclaration de M. Casimir Périer, dans laquelle il a pu lire : « Notre système de politique intérieure, c'est de ne jamais consentir à nous faire le gouvernement d'un parti, tout en veillant d'un œil sévère sur des trames ourdies dans l'ombre. »

V

Peu d'hommes sont capables de pénétrer d'un coup d'œil sûr les profondeurs de la question financière. Pour suivre toutes les sinuosités, fouiller toutes les retraites de ce vaste dédale qu'on nomme l'exercice financier, il faut des aptitudes toutes spéciales développées par l'étude et la pratique de longues années.

Au dire de plusieurs économistes dignes de foi, et nous plaçons au premier rang M. Leroy-Beaulieu comme un guide sûr, un appréciateur impartial, nous faisons vraiment trop bon marché de nos richesses nationales. Nous les semons à tous les vents des prodigalités à l'intérieur et des folles entreprises à l'extérieur. L'argent des contribuables ne sert plus qu'à payer les fantaisies républicaines d'un parti. La gestion de la fortune publique est abandonnée sans contrôle à des ministres qui n'ont cessé de faire preuve pendant ces dernières années, les uns d'incapacité notoire, les autres d'une imprévoyance coupable. Depuis 1875 surtout, nos Chambres marchent à grands pas dans la voie des dilapidations et leurs tendances ont une double cause. D'abord, la formation d'une majorité qui, toujours intolérante en présence des observations les plus sages de la minorité, s'est débarrassée des entraves d'une discussion libre. Or, sans opposition respectée, pas de modération possible. En second lieu, un aveuglement persistant et un défaut d'intelligence de ces questions si ardues et si embrouillées, qui empêchent les réclamations de l'opinion publique et la laissent indifférente en présence d'un mal dont les effets apparents lui échappent. Lorqu'un candidat monarchique dit à ses électeurs : voici des chiffres officiels, les budgets ne vous paraissent-ils pas écrasants? Constatez avec moi le fait suivant : les dépenses augmentent chaque année, au contraire les recettes diminuent, d'où une impossibilité prochaine de faire face à la situation sans la création d'impôts nouveaux, sans des emprunts successifs, en somme sans un grossissement continuel de la dette publique. L'électeur incrédule par ignorance regarde autour de lui, rien ne lui paraît notablement changé dans sa sphère, il s'aperçoit tout au plus qu'il paye quelques centimes additionnels de plus que l'année précédente. Que faire? L'esprit français s'indigne et se révolte facilement; mais à une condition : c'est que l'attaque vise directement ses propres intérêts et que le préjudice soit pour lui immédiat et apparent. Dans le cas contraire, son indifférence est invincible.

Il faut convenir que rien n'est moins exact et convaincant que les chiffres en matières budgétaires. Ils ont un caractère d'élasticité frappant. Ils peuvent se prêter à toutes les fantaisies de leurs auteurs. « Prenez les chapitres d'un même budget, a-t-on dit avec raison, vous en tirerez à volonté le *pour* et le *contre.* » Suivant telles ou telles suppositions de recettes et évaluations de dépenses, telle ou telle disposition de chiffres ou de colonnes, telle ou telle confusion ou séparation volontaire, il en résultera, ou un équilibre parfait, ou un déficit des plus considérables.

La méthode que suit actuellement le gouvernement dans la composition des exercices budgétaires ne fait que les rendre plus embrouillés et plus incompréhensibles. Pour le vulgaire l'exercice financier n'est plus « qu'un mythe ou un vocable, » et cette obscurité résulte principalement d'une confusion entre les budgets de trois ou quatre années consécutives, d'un empiètement des uns sur les autres. Ainsi celui qui est en cours couvre ses dépenses avec certaines sommes qu'il trouve disponibles et qui devraient rester attribuées au budget précédent, et à son tour il fait bénéficier de ses propres ressources ceux des années suivantes. Le budget de 1879, pour n'en citer qu'un exemple, se grossit de 119 millions provenant de certains excédents des exercices 1876 et 1877, et lui-même passe 130 millions aux exercices de 1882 et 1883. Tous les ministres des finances de la Restauration mirent leurs soins les plus scrupuleux à éviter ces inconvénients. Ils firent de chaque exercice un tout limité à son origine comme à sa fin, par l'application de ce principe, que « le budget ordinaire ne doit profiter d'aucune ressource qui ne soit propre à l'exercice auquel il s'applique, et quand un exercice financier laisse un excédent, cet excédent a un emploi tout indiqué, savoir la diminution de la dette flottante ; comme c'est cette dette qui s'accroît de tous les déficits, il est juste qu'elle profite, pour s'alléger, de tous les excédents. »

En dehors de cette obscurité, dont nous avons essayé de donner une idée et d'indiquer la première cause, il existe des faits et des chiffres, qui restent partout les mêmes, dont tous les esprits peuvent concevoir l'énormité ; qui seuls enfin font entrevoir les dangers de notre situation financière.

Sait-on bien que notre dette publique a atteint le chiffre colossal de VINGT-HUIT MILLIARDS ! que pas une nation au monde et dans aucun temps n'a été chargée d'une dette aussi considérable ! que le budget de 1884 s'élève en dépenses à 3,025,373,006 francs! que celui de 1885 dépassera 3,048,544,744 francs, et que l'année prochaine nous aurons à supporter une augmentation de dépenses qui ne peut être inférieure à 23,171,738 francs!...

Comment ces dépenses sont-elles divisées et réparties? Où sont les exagérations, les faux calculs, les vices dans la méthode suivie pour la composition de nos exercices financiers, les faiblesses et les négligences de l'administration républicaine; où sont ses illusions et les motifs de ses espérances sans cesse déçues; où sont les causes d'une diminution notable dans la fortune publique; où trouver enfin les chances d'un équilibre, non fictif mais bien réel pour nos budgets, sans parler encore des économies nécessaires pour faire face au paiement de l'arriéré? Telles sont les questions qui méritent un examen attentif. Elles ont été traitées et résolues dans une étude intéressante et instructive que M. Leroy-Beaulieu a publiée dans la *Revue des Deux-Mondes* du 15 mai 1883; étude financière qui a pour titre : *le Budget de 1884 et la situation financière de la France.*

Le savant économiste pose en thèse générale cette prophétie menaçante pour l'avenir : « Il y a un an, dit-il, la situation commençait à être compromise, cette année elle est plus mauvaise; dans deux ou trois ans, si l'on n'y prenait garde, elle serait tout à fait grave. » Nons entrons ensuite avec lui dans le détail des faits qui lui servent à appuyer sa proposition. Suivant son opinion, jusqu'en 1875 et malgré nos désastres récents, nos finances se sont rapidement relevées lorsqu'elles furent confiées à des hommes d'Etat habiles et prudents. Dès 1876, la République entre dans une phase nouvelle; elle rompt avec ses antécédents pour suivre à tout hasard un système qui ne porte plus trace de prudence et de modération. Une Assemblée règne en souveraine, imposant au pays ses moindres volontés dans la discussion des projets qui lui sont soumis. Elle est désormais incapable de conserver assez de calme et de désintéressement pour voter un crédit sans esprit de parti, sans passion politique. Ses entraînements proviennent parfois de sentiments généreux, mais trop confiants et enthousiastes. Le député n'a en vue que l'intérêt direct des masses électorales dont il dépend et dont il a pris l'engagement de contenter toutes les exigences, de flatter tous les instincts. Sans cela, comment conserver la majorité aux élections prochaines? Or, périsse la France avant la perte d'un siège au Palais-Bourbon! Les préjugés, les illusions jouent aussi un grand rôle. Selon telles croyances, la fortune de notre pays est inépuisable; elle est au moins assez prospère pour prendre sans scrupule à pleines mains dans les caisses qui la renferment; vidées aujourd'hui, elles reprendront demain leur même niveau, tant les sources sont vives et abondantes. Et, chose étonnante! ces mêmes républicains qui, sous l'Empire, poussaient des cris indignés contre ce qu'ils appelaient les dilapidations impériales, contre l'augmentation des dépenses et le grossissement continuel des budgets et des impôts, se sont empressés de mériter les mêmes reproches, en poussant à l'excès les mêmes défauts. Or, en 1869, les dépenses ne dépassaient pas 1 milliard 621 millions; tandis que nos exercices dépassent aujourd'hui, en dépenses, le chiffre de 3 milliards. Depuis 1871, le paiement de l'indemnité et des frais de la guerre, environ 10 milliards, nécessitait sans doute une augmentation annuelle dans les dépenses des différents services ministériels; mais cet accroissement devait être de 32 millions par an, d'où un budget qui, en 1884, n'aurait pas dû dépasser 2 milliards 914 millions. Nous en sommes donc loin, avec notre chiffre actuel de 3 milliards 200 millions. La conclusion est facile : c'est ailleurs qu'au paiement des frais et de la contribution de guerre qu'il faut placer les principales causes de cette progression trop rapide. A qui devons-nous en demander compte? M. Leroy-Beaulieu répond : *A l'incapacité*, *à l'imprévoyance*, *aux prodigalités* des hommes qui sont au pouvoir, et il le prouve.

Le mal ne serait pas encore grave si les recettes augmentaient chaque année proportionnellement aux dépenses. Dans ces conditions, un équilibre serait possible entre l'actif et le passif, mais l'Agriculture, le Commerce et l'Industrie, ces trois forces sociales solidaires, sont en souffrance ; le rendement de certains impôts diminue, et, par suite, le montant total de la fortune publique. En 1875, on trouvait encore les moyens d'équilibrer les budgets. Mais, en 1881 commence l'ère des déficits, et, dès 1882, le ministre des finances fait l'aveu d'un écart en moins de 47 millions. Alors il s'agissait de simples prévisions budgétaires; la réalité des chiffres devait apporter un écart beaucoup plus considérable, puisque, en fin de compte, M. Léon Say reconnut qu'on avait porté au budget extraordinaire 70 ou 80 millions qui auraient dû figurer au total des dépenses ordinaires, lequel montait en somme à 167 millions pour 1882 et non à 47 millions, comme le portaient les évaluations premières. Des erreurs semblables sont-elles permises?...

Au commencement de l'année 1883, les budgets sont plus rassurants lors de leur présentation aux Chambres. L'illusion qui en résulte disparaît vite devant les fausses évaluations budgétaires et une moins-value dans les produits de l'impôt. Dans les trois premiers mois, il donne 5 millions de moins en recettes. Supposons, ce qui est probable, que la diminution persiste, le budget de 1883 aura un déficit de 145 millions environ. Prenant enfin le budget de 1884, nous trouverons un chiffre total de dépenses dépassant les recettes de 150 millions. Le gouvernement avait cru arriver à un équilibre. Pour cela il comptait : 1° sur une somme de 30 millions qui aurait dû rester attribuée à la dette flottante ; 2° sur des remboursements des grandes lignes qui n'ont pas été effectués ; 3° sur les bénéfices de la conversion et des conventions avec les chemins de fer. Toutes ces mesures sont jugées insuffisantes pour relever le mauvais état de nos finances.

Le budget de 1885 aura-t-il le même sort que les précédents ? D'après les exercices présentés au vote des Chambres, c'est-à-dire suivant les évaluations anticipées, il devrait en fin de compte se solder par un excédent de recettes de 176,183 francs. La commission a pris pour base de ses calculs toujours une augmentation de dépenses de 23 millions, qui devra se compenser en partie avec 22 millions de recettes de plus qu'en 1884. D'ailleurs nos recettes subiront une réduction sur divers points. Il faut s'attendre à une diminution continue dans le rendement des droits du timbre et de l'enregistrement, des droits d'importation des sucres, des vins étrangers, etc..... Mais cela est prévu et pour couvrir les pertes, M. le ministre des finances affirme, dans son exposé des motifs, qu'il suffira « de faire rendre aux impôts existants la totalité des sommes légitimement dues au Trésor. » Ainsi, des fraudes se sont glissées dans l'industrie des alcools assujettis à l'impôt ; elles font perdre à l'Etat au moins 15 millions ; il en est de même dans la fabrication des vinaigres dont les droits régulièrement perçus donneraient 2 millions de plus ; enfin il est possible de percevoir sur les liqueurs des taxes régulières et omises jusqu'à ce jour pour plus de 10 millions. Donc, sans majoration des recettes, ni impôts nouveaux, que l'administration réprime certaines fraudes, qu'elle se contente de réclamer *tous* les droits qui doivent être perçus et le trésor va bénéficier d'une somme de 27 millions. Aveu assez étrange de la part d'un gouvernement qui vient dire au pays après une existence de douze années : Des impôts existaient, nous avons négligé de les réclamer aux contribuables, des fraudes ont été commises et notre administration est restée plusieurs années avant de s'en apercevoir !

Ces supputations se rapportent au budget ordinaire. Quant aux dépenses exrraordinaires, elles s'élèvent pour 1885 à 208,121,818 francs, soit en détail :

Ministère de la Guerre	....	85,000,000 fr.
—	Marine et Colonies.	17,871,215
—	Travaux publics. . .	105,250,603

Jusqu'ici les évaluations budgétaires de l'ordinaire ont été prises comme douteuses sans perdre toute vraisemblance ; mais il est inadmissible que le budget extraordinaire ne dépasse pas de beaucoup les 208 millions prévus.

Avec ces attributions relativement faibles, il sera impossible de payer tous les frais de notre politique d'aventures à l'extérieur, de cette expédition du Tonkin, qui dure encore et durera longtemps après la prise de Bac-Ninh, annoncée cependant comme le terme certain des opérations militaires. Du reste les demandes de crédit supplémentaires ont déjà paru à la tribune, elles ne s'arrêteront pas en si beau chemin. Attendons la fin avec des craintes bien justifiées ! Préparons-nous à rester à la fin de l'année avec un déficit peut-être plus considérable que celui des années précédentes !

Dans cette situation, nous parlera-t-on sans ridicule d'un projet d'amortissement de notre dette publique ? Après douze ans de paix et avec une dette de 28 milliards, il serait temps d'y penser sérieusement, et nul doute qu'un gouvernement sage et prévoyant ne fût arrivé à un meilleur résultat. On met bien en avant un amortissement de 2 milliards opéré depuis 1872. En réalité on n'a rien amorti, parce que les sommes employées à cette opération fictive ne proviennent point d'un excédent de recettes sur les dépenses annuelles, mais « des emprunts nouveaux au moyen d'un compte de liquidation indéfiniment prolongé et de l'imputation au budget extraordinaire de dépenses vraiment ordinaires. »

La Monarchie restaurée, avec charge de prendre en main et de relever la situation financière, arrivera-t-elle à ce résultat? Aura-t-elle à son service des moyens d'action assez puissants? Quel système, quelles réformes pourra-t-elle employer? Ici encore elle profitera de la science du passé. La République s'est condamnée à suivre une voie qu'elle doit fatalement garder jusqu'à sa chute, la Royauté est libre d'opérer un changement de direction vers une méthode toute nouvelle.

Par deux fois dans ce siècle, elle a été rappelée avec mission de rendre à la France le calme et la prospérité. Elle n'a jamais reculé devant sa noble et lourde tâche. L'histoire est là pour affirmer le succès qui a toujours couronné son œuvre; pour l'encourager et soutenir ses défaillances au milieu des difficultés de sa nouvelle entreprise.

Lors de la première Restauration, en 1814 et après l'évaluation des dépenses et des recettes inscrites à cette date, l'établissement du budget de 1815, la fixation et la liquidation de l'arriéré, il restait encore une somme de 759,175,000 francs en créances immédiatement exigibles, tant en capital qu'intérêt et dont il fallait à bref délai assurer le remboursement. Un tel arriéré serait aujourd'hui insignifiant. A cette époque déjà lointaine, il devait être jugé considérable par suite de la rareté du numéraire, qui en augmentait beaucoup la valeur; en second lieu parce que l'appréciation d'une dépense ne doit être faite qu'en plaçant la recette en regard. Or, la Royauté avait à dépenser soit pour le compte de l'Empire, soit pour le sien, beaucoup plus que le montant de ses ressources présentes. En 1871 et depuis, l'habileté de nos financiers contemporains a été singulièrement facilitée par des moyens que la Monarchie d'alors n'avait pas à son service. Chez un peuple riche et possédant un crédit suffisant, ils ont la ressource des emprunts pour couvrir les déficits menaçants. Moyen funeste, il est vrai, qui pour sauver le présent compromet parfois l'avenir! En 1814, « la science du crédit n'avait pas encore passé le détroit ; on ne connaissait pas encore en France l'art, porté si loin de nos jours, de demander à des emprunts publics les moyens, non de payer ses dettes, mais de les augmenter. » Il fallut donc pour la création d'un système financier dont nous ne pouvons que constater les heureux résultats, sans entrer dans les développements trop longs qu'entraînerait son examen, il fallut toute l'intelligence, tout le travail d'un homme qui est resté une des gloires de la Monarchie, du baron Louis, ministre des finances. « Il était impossible, dit un historien, d'exposer d'une manière plus lucide notre position financière, de se montrer plus équitable envers les créanciers de l'Empire et d'émettre des vues plus saines pour l'administration de la fortune publique. » Par ses soins et son habileté, tout l'arriéré était soldé en peu de temps, et dès 1816, il formait une caisse d'amortissement avec un excédent de recettes sur les dépenses inscrites au budget.

Au lendemain de la Révolution de 1830, la Monarchie de Juillet se trouva, elle aussi, en présence des difficultés financières les plus sérieuses. Le mouvement révolutionnaire fut vite réprimé, néanmoins la crise politique fut assez forte pour entraîner une diminution sensible dans le rendement des impôts, tarir plusieurs sources de la fortune publique et désorganiser tout l'ensemble de l'administration. Comment parvint-on à subvenir aux dépenses obligées du moment? Il fallut mettre à profit, d'après l'aveu de M. Thiers, « les quarante millions trouvés à Alger, les ressources de la dette flottante et le fond commun des émigrés. » Pour sauver la situation compromise, le Roi ne pouvait mieux s'adresser qu'au baron Louis, au ministre de la Restauration qui, déjà brisé par l'âge, le travail et les agitations de son époque, devait encore prodiguer à son pays les bienfaits d'une administration habile, prévoyante et sage. Comme toujours, son système fut aussi simple qu'efficace dans ses résultats. Sa méthode de réorganisation fut claire et précise, son personnel honnête, actif et vigilant. Il s'attacha surtout à opposer un refus inébranlable à toute demande de crédits exorbitants, à imposer à tous les pouvoirs une économie suffisante pour arriver à la formation et à l'extension rapide d'une caisse d'amortissement. De 1830 à 1848, les budgets atteignirent parfois des chiffres élevés, mais les dépenses furent toujours commandées par les grands intérêts de l'Agriculture, de l'Industrie et du Commerce. Jamais, dans tous les cas, l'accroissement de ces dépenses ne fut sans proportion avec celui des recettes. Jamais le Gouvernement n'eut à lutter contre de gros déficits prolongés pendant des années. Cela n'a pas empêché les républicains de 1848 de critiquer vivement tout le système financier de la Monarchie de Juillet. Ils ont même poussé l'injustice au point de soutenir qu'il n'avait abouti qu'à laisser nos finances dans un état désespéré, et M. Garnier-Pagès, ministre des finances sous l'Assemblée nationale, osa dire, dans la séance du 8 mai, que « c'était la désorganisation érigée en système et au bout du système la banqueroute. » L'invraisemblance était monstrueuse. Cette invention digne d'indifférence, sinon de mépris, tant elle révélait de partialité haineuse de la part de son auteur, fut néanmoins accréditée dans la presse et les réunions publiques; à tel point, qu'un ancien ministre de Louis-Philippe crut devoir protester au nom de la justice et de la vérité si indignement outragées. Plus tard, et pour repousser encore des attaques incessantes, M. Vitet, membre de l'Académie française, a fait paraître une étude sur l'histoire financière du gouvernement de Juillet. Par des citations et des chiffres puisés dans les documents officiels de l'époque, par un ensemble de faits retracés avec autant d'impartialité que d'exactitude, il démontra : quelle devait être au 24 février la situation du Trésor ; quelle était celle des budgets ; dans quel état la Monarchie de Juillet avait trouvé la fortune publique ; dans quel état elle l'avait laissée ; ce qu'elle a coûté à la France ; ce qu'elle lui a rapporté. Sa conclusion est celle-ci :

L'Empire laissait, au 1er avril 1814, une dette publique au capital de 1 milliard 260 millions.

La Restauration, après avoir soldé l'arriéré des dépenses impériales et réparé les plus grands désastres de l'invasion, laissait à son tour, au 30 juillet 1830, une dette publique de 4 milliards 419 millions.

Avec la Monarchie de Juillet le passif augmente encore, mais dans des proportions insignifiantes, si on compare ces augmentations à celles des gouvernements antérieurs. Ici nous sommes loin de la banqueroute annoncée par M. Garnier-Pagès ; car, au dire de M. Vitet et suivant des calculs et des documents incontestables, les hommes de 48 se trouvèrent en présence d'une dette publique grossie d'une centaine de millions tout au plus. CENT MILLIONS ! voilà la vérité, voilà ce qu'ont coûté à la France monarchique : d'abord 17 années de paix et de prospérité ; « la conquête définitive et la colonisation de l'Algérie, si brillamment commencées par la Restauration ;

« Les canaux de 1821 et 1822 terminés ;

« Quatre grands canaux nouveaux entrepris et menés presque à fin ;

« Toutes les voies de communication multipliées et rendues faciles ;

« Des ponts jetés sur toutes les rivières ;

« La viabilité vicinale améliorée dans toute l'étendue du royaume ;

« Nos ports creusés et agrandis ;

« Des phares nombreux élevés sur nos côtes ;

« Des édifices publics terminés et fondés à neuf ;

« Nos vieux monuments, témoins de notre histoire, secourus avec une largesse à laquelle depuis longtemps on n'était plus accoutumé ;

« Enfin 2,000 kilomètres de chemins de fer en exploitation ; 2,000 kilomètres de chemins de fer en construction. »

Encore une fois, que coûtaient à la France tous ces grands travaux, toutes ces institutions si favorables aux progrès des arts, des sciences, des lettres, de l'industrie et du commerce ? La somme de *cent millions*, somme qui, de nos jours, et pour une fantaisie de nos Chambres républicaines, peut grossir dans une seule année le chiffre déjà si énorme de notre dette publique.

Ce coup d'œil rapide sur les désordres de la situation actuelle et sur les événements financiers des deux gouvernements de 1814 et de 1830 suffit à une comparaison tout en faveur de la Monarchie. Cette conclusion est la résultante d'un ensemble de faits certains et suffisamment consacrés par l'histoire pour détruire les illusions ou corriger les erreurs de ces esprits modérés, mais égarés de bonne foi au milieu des utopies républicaines. Afin de pousser la démonstration aux dernières limites de l'évidence, nous essayerons de leur montrer encore où sont les vices du système financier en vigueur et par quelles mesures la Monarchie pourra les supprimer et introduire des réformes assez heureuses pour écarter les prévisions alarmantes de l'avenir.

Il est d'abord nécessaire de supprimer dans le budget ordinaire les écarts qui sont maintenus depuis plusieurs années entre les évaluations budgétaires soumises à l'approbation des Chambres et le budget définitif. Ainsi, il y a un budget fictif en partie, qui est celui qu'on discute et qu'on vote, et un budget définitif qui ne paraît pas ou qui paraît trop tard. Depuis 1877, soit dans une période de six années, il s'est trouvé que les dépenses définitives ont dépassé de *1 milliard* 116 millions celles qui avaient été prévues lors de la présentation des exercices par la commission. Ce ne sera donc qu'après avoir supprimé ces abus que nos législateurs se rendront un compte exact de notre situation financière et pourront exercer un contrôle efficace dans la gestion de la fortune publique.

Nous dirons ensuite avec Leroy-Beaulieu que l'extension donnée au budget extraordinaire est nuisible, parce qu'elle nous conduit, comme conséquence forcée, à une augmentation imprévue et trop considérable de nos budgets des dépenses. Le maintien de ces allocations laissera une porte toujours ouverte aux prodigalités croissantes. Il importe d'y remédier au plus vite, non en supprimant tout à fait ces irrégularités du système financier, ce qui serait trop demander, mais en les renfermant dans le cercle le plus étroit possible. On sait que les évaluations budgétaires sont faites parfois bien avant que le projet entre en exécution ; dès lors, dans le courant de l'exercice, et par suite de circonstances qu'il est impossible de prévoir, telle dépense aura reçu une attribution trop faible, telle autre ne pourra être différée jusqu'à l'exercice suivant. Si l'écart dépasse le tiers ou le quart de la somme totale attribuée aux divers ministères, cet excès d'imprévu devient ruineux et les évaluations budgétaires ne sont plus qu'un mythe, dont il ne faut tenir aucun compte. Avec cette méthode on sait où l'on commence, on ne sait jamais où sera la fin. L'auteur que nous suivons qualifie le budget extraordinaire « d'*expédient corrupteur des budgets.* » Sa qualification est exacte, parce qu'il sert, dans certains cas, à procurer au budget ordinaire un équilibre fictif, en faisant passer au compte des dépenses extraordinaires ce qui devrait rester au compte de l'exercice ordinaire. Les crédits alloués en 1881 furent évalués à 644 millions ; dans le courant de l'année ils furent réduits à 481 millions, et à la suite de lois nouvelles, entraînant des dépenses imprévues, ils atteignirent à la fin la somme de 707 millions et demi. En définitive, on se trouvait avoir à payer 63 millions et demi de plus et cependant le chiffre de 644 millions attribué à l'origine était déjà exorbitant. Du reste, il est impossible de justifier le maintien d'un budget extraordinaire si énorme. Comprend-on, par exemple, une demande de crédits supplémentaires de plusieurs millions, pour solder les dépenses imprévues du ministère de la guerre, *treize ans après la paix ?* Est-ce que les deux milliards des deux comptes de liquidation et le demi-milliard prélevé sur les budgets extraordinaires de 1880 à 1883 n'ont pas suffi à notre armement, à la reconstitution de notre matériel de campagne et à l'achèvement de nos places fortes ? Quel a donc été l'emploi des sommes si considérables allouées jusqu'à ce jour?

Le seul moyen de réduire les crédits extraordinaires à des chiffres raisonnables, serait de mettre un terme aux dépenses ruineuses et sans utilité reconnue.

Ces dépenses excessives sont la conséquence de ces réformes et de ces entreprises trop coûteuses que le gouvernement républicain ne se lasse pas d'imposer au pays. Qui ne connaît les conceptions extravagantes contenues dans le plan Freycinet? Son exécution procurait aux ports, aux canaux et aux chemins de fer une extension inusitée. On sait que toute contrée, même la plus éloignée des centres et la moins habitée, devait se couvrir d'un vaste réseau de voies ferrées, au mépris des terrains les plus accidentés à parcourir; que les plus petits ports sur nos côtes seraient assez profondément creusés et agrandis pour donner accès à nos plus grands vaisseaux de guerre; que tout hameau serait traversé par une large voie de communication. Le projet portait en principe une entreprise humanitaire. Mais il avait dans la pratique un défaut capital. Il n'aboutissait à rien moins qu'à la ruine complète de nos finances et à la plus hideuse des banqueroutes. Heureusement les illusions sont tombées assez tôt. Les travaux commencés ont été interrompus sous divers prétextes; mais cette mesure tardive n'a pu faire rentrer dans les caisses du Trésor les sommes inutilement dépensées. D'autant mieux que bon nombre de travaux ont reçu une entière exécution. Pourquoi donc, dans la majeure partie des communes déjà surchargées d'impôts, pourquoi la construction de ces établissements *d'une si grande utilité publique*, qu'on nomme les écoles laïques. Il les fallait bien, a-t-on répondu, pour enseigner librement le Manuel Paul Bert et soustraire les enfants à l'influence pernicieuse de la morale chrétienne. Ah! voilà bien la vraie raison : satisfaire avant tout les intérêts républicains! Resterait au moins à savoir s'il n'aurait pas mieux valu, pour les intérêts g:néraux du pays, conserver son argent avec les Frères de la Doctrine chrétienne. Il faut ajouter que si la Chambre des députés se montre en général prodigue à l'excès, elle veut parfois adopter les mesures les plus parcimonieuses. Ainsi, par un de ses derniers votes, elle a refusé d'accorder la moindre augmentation aux modestes appointements de nos instituteurs. En cela, elle a dérogé à sa coutume. Est-il, en effet, une seule administration dont le personnel n'ait pas été augmenté? Un grand nombre de fonctionnaires n'ont-ils pas reçu des traitements plus élevés? Il est vrai que le Gouvernement a trouvé ailleurs certaines compensations, en supprimant les traitements du clergé sous le prétexte le plus futile, et il n'a fallu rien moins que la fermeté persuasive du pape Léon XIII pour l'arrêter dans cette voie d'économies. En attendant qu'il trouve mieux, tel sénateur cumule plusieurs fonctions publiques rétribuées par l'État; tel magistrat quitte momentanément son siège de premier président pour prendre part aux travaux parlementaires, mais sans renoncer à aucun de ses traitements, même pour des services qu'il ne rend plus à l'État. Une loi contre le cumul a bien été votée par la Chambre des députés, elle n'avait pas grand intérêt à lui refuser sa sanction; mais sans trop présumer, on peut s'attendre au sort qui l'attend au Sénat, qui ne saurait manquer de lui imposer au moins des modifications importantes pour en adoucir les rigueurs.

Supposé même que le Sénat consente à donner à la Chambre des députés cette nouvelle preuve de condescendance, l'économie réalisée sur ce seul point ne suffira pas pour sauver la situation financière. Encore une fois, le dégrèvement de nos budgets réclame des mesures plus importantes dans leurs effets. La Monarchie cherchera sans doute à réduire ses dépenses par la plus stricte économie. En outre, elle devra parfaire sa tâche en procurant une plus grande abondance aux sources de la fortune publique.

Il résulte des justes observations de M. Leroy-Beaulieu que « les causes des plus-values d'impôts peuvent se ramener à trois chefs principaux : d'un côté l'accroissement de la population, qui multiplie le nombre des consommateurs; d'un autre, l'activité industrielle et commerciale et plus particulièrement l'élan des industries urbaines et notamment de l'industrie du bâtiment; enfin, l'augmentation de la fortune publique et surtout du taux d'évaluation de cette fortune ».

Les impôts indirects sont une des premières sources de revenus pour l'État. Il suffit de dire que si le nombre des consommateurs augmente, la consommation augmente en proportion et que la qualité des matières consommées élève à son tour le rendement des impôts indirects. Or, la population de la France est presque stationnaire, tandis que, en Angleterre, en Allemagne, comme dans presque tous les pays voisins, elle s'accroît considérablement depuis plusieurs années. Nul doute encore que les recettes du Trésor soient augmentées par une faveur spéciale accordée à l'activité commerciale et agricole. Que l'État vienne en aide aux agriculteurs gênés ou ruinés par les mauvaises récoltes et les ravages du phylloxéra en allégeant l'impôt d'une terre improductive; qu'il protège la production française contre les invasions des produits du sol étranger par la suppression d'une concurrence ruineuse et il ne tardera pas à bénéficier de ces sacrifices momentanés! La propriété reste immobilisée entre les mains de ceux qui la possèdent; ou si les propriétaires consentent quelques rares transactions, ce n'est qu'à vil prix et avec charge des conditions les plus désavantageuses. Dans cette situation, les droits du timbre et de l'enregistrement ne peuvent que diminuer et le fisc ne peut qu'à grand'peine faire rentrer la totalité de l'impôt foncier. En 1882, les droits d'enregistrement ont donné à l'État 15 millions de moins qu'en 1881. Le Gouvernement est encore intéressé à procurer à la richesse publique, représentée par l'ensemble des valeurs diverses, un taux d'évaluation plus élevé, parce qu'il prélève une dîme sur le produit du capital, un impôt dont le montant est d'autant plus élevé que ce capital possède une valeur nominale plus considérable. Enfin, pour rendre leur essor aux opérations financières, pour voir reparaître à la Bourse les hauts cours d'autrefois, pour faire renaître la confiance sur nos marchés, il faudra supprimer ces spéculations aventureuses et absorbantes de tous les produits de l'épargne, cette incertitude du lendemain qui fait considérer notre capital comme plus en sûreté à l'étranger, ces bouleversements politiques incessants qui font que l'argent se cache en attendant des jours meilleurs.

VI

PARMI les objections résultant du préjugé populaire contre le rétablissement de la Monarchie, il en est une très répandue, mais dont la réfutation n'est pas moins facile.

La Royauté en France serait « *une superfétation fort coûteuse* » parce qu'elle oblige au paiement annuel d'une liste civile de plusieurs millions et à une dotation immobilière de la Couronne. Du reste, la critique n'est pas nouvelle sur ce point. En 1832, lorsque M. Casimir Périer vint demander aux Chambres de rétablir par une loi et de fixer le montant de la liste civile accordée au Roi, les adversaires et quelques partisans du Gouvernement de Juillet soulevèrent des discussions violentes au sein du Parlement. Au dehors, la presse s'en mêla pour envenimer la question, et les pamphlets de Paul-Louis Courrier et de Cormenin, dirigeant contre Louis-Philippe et tous les membres de la famille royale les traits acérés de leurs inventions malignes et calomnieuses, firent naître dans le peuple de froides colères, dans la bourgeoisie des répugnances puériles et dans la majorité parlementaire une hésitation d'un moment, heureusement vaincue par la fermeté du Ministère. Après un débat qui fut long et passionné, la Chambre fixa le montant de la liste civile à douze millions. Elle accorda en outre, comme résidences royales, le palais des Tuileries et les châteaux de Fontainebleau, de Saint-Cloud et de Meudon; ceux de Versailles, Rambouillet, Saint-Germain et Compiègne furent maintenus dans le domaine national.

Quel sera, sous une Monarchie nouvelle, le montant de la liste civile? Quelle sera la dotation immobilière de de la Couronne? Les Chambres, consultées sur ces questions, auront seules le droit de répondre et sur le rétablissement et sur la fixation des sommes allouées chaque année. Dans tous les cas, ferait-on revivre la loi de 1832 dans toutes ses dispositions, la prévision de cette éventualité ne doit pas inspirer des préoccupations sérieuses à ceux qui veulent considérer une restauration monarchique comme une cause de charges nouvelles pour le pays. La raison à donner est simple et concluante : qu'importe une dépense sur un point, si elle doit entraîner sur d'autres des avantages assez considérables pour la compenser dans une large mesure? Supposé qu'une Chambre vote une liste civile de douze millions pour rendre à la Royauté son prestige d'autrefois, ne devons-nous pas désirer cette dépense, alors quelle sera suivie d'une diminution de plusieurs centaines de millions dans le montant des charges de la dette publique?

C'est ce que vient de prouver, chiffres en mains, l'auteur d'une intéressante brochure parue récemment sous le titre de « *Liste civile et liste civique.* » Il se propose de démontrer que la *liste civile* accordée à nos rois était en réalité moins onéreuse pour le pays que la *liste civique* d'aujourd'hui. Sous notre dernier souverain constitutionnel, les traitements alloués pour l'ensemble des pouvoirs publics n'arrivaient pas à 15 millions. Ainsi, prenant la loi des finances de 1848, nous en trouvons la répartition faite sous ce titre :

IIe PARTIE. — DOTATION

Liste civile . . . . Fr.	13,300,000
Chambre des pairs	790,000
Chambre des députés	830,150
Total	14,920,150

Sur les treize millions composant le montant total de la liste civile, douze millions étaient accordés au Roi, un million au comte de Paris en sa qualité d'héritier présomptif et trois cent mille francs, à titre de douaire, à Madame la duchesse d'Orléans.

Voyons maintenant ce que coûtent, sous le gouvernement républicain actuel, les seules dotations des pouvoirs publics.

DOTATIONS

Traitement du Président de la République . . . . Fr.	600,000
Frais de maison du Président de la République	300,000
Frais de voyage et de représentation du Président de la République	300,000
Total	1,200,000

DÉPENSES DES POUVOIRS LÉGISLATIFS

Dépenses administratives du Sénat, etc. Fr.	4,600,000
Dépenses administratives de la Chambre des députés, etc	7,160,780
Total	12,960,780

D'abord, pourra-t-on objecter, l'économie est frappante, puisque le Président de la République ne touche que 1,200,000 francs, tant pour son traitement que pour les frais généraux de la Présidence. Cette somme reste loin des douze millions composant la liste civile du roi Louis-Philippe. Mais il faut observer que ce dernier s'en servit pendant toute la durée de son règne pour payer certaines grosses dépenses, qui sont aujourd'hui laissées par M. Grévy à la charge exclusive de l'Etat. Chaque année, le Roi consacrait plusieurs millions à l'entretien du Domaine de la Couronne, soit à la décoration des Palais nationaux, soit à la création du musée de Versailles, soit aux encouragements des Arts et des Sciences, etc..... Il résulte de documents officiels et pièces diverses, qu'il aurait ainsi dépensé la somme de 220 millions. Or, 18 années de liste civile n'atteignent que le chiffre de 216 millions ; il résulte qu'au lieu de s'enrichir aux dépens du pays, le chef de la maison d'Orléans lui aurait fait don sur sa fortune particulière d'environ 4 millions.

Si nous comparons maintenant l'ensemble des dépenses pour les dotations des divers pouvoirs législatifs, d'après l'énumération détaillée que nous avons donnée plus haut, tant sous la Monarchie que sous le gouvernement actuel, ce dernier nous procurerait l'avantage apparent de diminuer ces dépenses de 1,959,370 francs. Mais il faut compter avec une somme de 5,140,375 francs employée chaque année pour l'entretien des divers ministères et laissée à la charge du Trésor, en dehors des dotations, tandis que ces mêmes frais étaient payés avec l'argent de la liste civile sous la Monarchie de Juillet. En réalité, la liste civique dépasse 18 millions et les dotations de 1848 n'arrivaient pas à 15 millions. Il est donc impossible de nier que les traitements du président et des Chambres actuelles nous coûtent plus de TROIS MILLIONS de plus que le montant total de la liste civile et des dépenses des pouvoirs législatifs, Chambres des pairs et des députés, dont le chiffre officiel nous est donné par la loi des finances de 1848. D'autres faits sont encore de la dernière évidence. Ainsi, durant les cinq dernières années, les traitements des fonctionnaires ont été augmentés de 100,000 francs. Serait-ce pour justifier ces paroles de M. Paul Bert, dans un discours qu'il vient de prononcer à Cahors, en présence de 300 instituteurs du Lot, réunis pour les fêtes : « Sous la République, les gros traitements font les bons fonctionnaires. » Cependant la dernière commission du budget prétendait qu'il serait aisé de réduire de 30 millions les dépenses du personnel des ministères. Elle comptait sans les exigences du souverain, qui, sous le régime actuel, a bien des têtes, autant qu'il y a en France de personnages exerçant une influence directe ou indirecte sur la marche des affaires publiques, depuis les ministres, leur état-major et ces milliers de fonctionnaires de toutes provenances, jusqu'aux électeurs importants qui réclament sans trève des récompenses pour les services rendus au gouvernement dans les luttes du suffrage universel.

« Voilà des faits, voilà des chiffres ! » dit en terminant l'auteur de la brochure.

Que l'opinion publique éclairée juge et décide à présent lequel des deux gouvernements, lequel, du régime républicain ou du régime monarchique, coûte le plus cher à la France.

VII

La politique extérieure suivie par le gouvernement républicain est, à l'heure présente, pleine de périls, surtout depuis la rupture en Égypte des relations d'intérêts communs qui nous unissent à l'Angleterre et la formation d'une triple alliance entre l'Allemagne, l'Autriche et l'Italie.

Pendant des siècles, la France et l'Angleterre ont vécu comme deux nations rivales et ennemies. L'histoire nous les montre à plusieurs reprises comme ayant fait le même serment de poursuivre sans trêve une guerre d'extermination, jusqu'à l'asservissement complet de l'une ou de l'autre. De là ces haines jalouses, ces compétitions sans cesse renaissantes entre les deux pays ; de là ces luttes sanglantes soutenues avec acharnement sur terre et sur mer ; de là enfin ce suprême effort de 1815 dans lequel les Anglais mirent toute leur intelligence, leur énergie, leurs richesses pour imposer leur joug de fer à la France vaincue et épuisée par les guerres de l'Empire. A Londres, Watterloo fait encore vibrer tous les cœurs, comme le plus éclatant triomphe d'une nation. Partout, dans les rues comme sur les places publiques de l'immense cité, des inscriptions et des monuments servent à donner satisfaction aux fiertés nationales, en perpétuant le glorieux souvenir. Malgré les traités de 1815, la France, grâce à la

Monarchie, put relever ses ruines en retrouvant une des premières places dans le concert européen ; dès ce jour, les idées furent profondément modifiées dans les deux pays. Ils comprirent qu'aucun des deux n'était assez fort pour écraser l'autre sous le poids des armes, surtout qu'ils avaient le plus grand intérêt commercial à établir entre eux des rapports de bonne amitié. Cette sorte d'alliance pour favoriser le développement du Commerce et de l'Industrie a duré sans aucune difficulté pendant plus d'un demi-siècle. Elle atteignit son apogée en 1854, lorsque l'Angleterre et la France, mêlant leurs intérêts dans la question d'Orient, vinrent sur les mêmes champs de bataille porter un secours commun à la Turquie menacée par les convoitises du Czar. Il y a quelques mois, le gouvernement anglais nous a encore loyalement tendu la main, pour agir, de concert avec lui, dans les affaires égyptiennes. Les troubles, les massacres d'Alexandrie et du Caire, le mauvais état d'une armée et d'une administration où le Kédive n'exerçait plus qu'une autorité bien affaiblie, menaçaient pour le présent la sécurité de nos compatriotes établis dans ces pays et, pour l'avenir, les relations commerciales dont la conservation est pour nous d'un grand intérêt. Quoi de surprenant après cela que l'Angleterre ait compté un moment sur l'envoi de quelques troupes françaises pour réprimer les révoltes d'Arabi ? Mais ses illusions tombèrent vite, car, à la première invitation, nos diplomates n'hésitèrent pas à répondre par un refus. Dès ce jour, l'alliance de plusieurs années était rompue. Le gouvernement républicain avait alors bien d'autres soucis. Il s'agissait de mener à bonne fin la guerre commencée contre le cléricalisme, de supprimer les aumôniers dans les hôpitaux : rien ne devait le distraire d'une si noble entreprise. En même temps un groupe trop craintif cherchait alors une politique d'abstention et de désintéressement dans les affaires extérieures, parce que la moindre complication pouvait, selon ses idées, entraîner une conflagration européenne où les destinées de la République auraient des chances de sombrer. Cependant tous nos ambassadeurs avaient été chargés de donner la promesse formelle que la France n'avait à redouter aucune opposition de la part des cours étrangères. L'Allemagne était là pour empêcher toute complication extérieure et pour convaincre nos ministres « qu'ils auraient partout les mains libres en Egypte. » Malgré ces garanties, le parti de la paix à tout prix eut pour un moment le dessus, non dans les Chambres qui ont toujours été tenues en dehors de ces décisions ou informées quand il n'était plus temps de discuter, mais parmi ce petit groupe composé d'hommes dirigeants et investis parfois de pleins pouvoirs. Ces profonds politiques, voulant fuir un danger imaginaire, ne s'aperçurent pas que leur abstention devait nous attirer un désavantage bien plus grand. Ils ne songèrent pas surtout que leurs faiblesses se changeraient bientôt en témérités ruineuses, lorsque les expéditions de Tunisie, du Tonkin et de Madagascar viendraient engloutir nos millions, faire périr nos soldats, sans donner au pays les compensations qu'il était en droit d'attendre d'une telle politique. D'autant mieux que, pour conquérir et pacifier l'Egypte, on ne lui demandait point de renouveler la victoire des Pyramides. Les Anglais livrés à leurs propres forces n'ont eu que la peine de se montrer pour mettre partout en fuite les armées rebelles; après un combat de quelques minutes à Tel-el-Kébir, ils ont désarmé ces troupes qui, sous le commandement du redoutable Arabi, devaient opposer cette résistance formidable dont nous avions été tant épouvantés. Alors, mais trop tard, le gouvernement rassuré vit sa faute. Il voulut même reprendre sa situation perdue en Egypte, en essayant de se rapprocher de ses alliés d'autrefois ; mais il n'obtint d'eux que cette réponse humiliante : « Cette alliance n'existe plus. Il n'y a que ceux qui acceptent les charges d'une alliance, qui ont le droit d'en revendiquer les profits. »

La leçon était dure ; mais que répondre à de telles raisons ? L'Angleterre nous a depuis traités sans ménagements ; mais que faire en présence d'une situation dont nous étions les seuls auteurs ? Le gouvernement républicain avait voulu son isolement, il n'avait aucun droit de s'en plaindre. Après avoir adopté de plein gré une politique désintéressée des affaires égyptiennes, il devait rester dans la même voie marquée par ses défaillances militaires, dont les conséquences devaient nous faire passer au rang des puissances de troisième ou quatrième ordre. Et chose la plus triste : on avait commencé par nous craindre, nous finissions par perdre l'estime ainsi que le respect des peuples nos voisins. Tous les cabinets restaient convaincus que M. de Freycinet voulait faire de la France une nation isolée de tous les événements européens, n'écoutant que les bruits de ses agitations intérieures, fermant l'oreille à tous les avertissements, même à toutes les menaces de la politique extérieure. Aussi l'étonnement fut grand et général, lorsque nos Assemblées, prenant une attitude aussi menaçante qu'elle était restée craintive et pacifique jusque là, décidèrent, au milieu des acclamations d'une majorité enthousiaste, « que nous allions relever notre drapeau dans les cinq parties du monde et rétablir notre empire colonial. » Cette déclaration fut prise par l'Angleterre comme une sorte de défi, comme une mystification blessante d'où elle conçut quelques sentiments de méfiante colère contre nous. Elle jugea qu'en présence d'un changement si brusque dans l'opinion du gouvernement, elle ne devait plus se fier à nos promesses relatives à la garantie de ses intérêts commerciaux sur tous les points du globe. Si nous avions refusé une intervention commune dans les affaires égyptiennes. n'était-ce pas pour conserver contre elle une complète liberté d'action? Ces sentiments étaient sans doute exagérés. Mais le fait n'est pas moins certain et n'a rien d'étonnant chez un peuple dont les susceptibilités contre la France se réveillent facilement, parce que son unique souci est de conserver son indépendance avec toutes les causes de ses prospérités commerciales. Dans cet ordre d'idées sa prévoyance est poussée à l'excès. On se rappelle encore cette décision du Parlement portant une interdiction formelle à la continuation des travaux pour l'établissement d'un tunnel sous la Manche, sous le seul prétexte « *qu'il mettrait l'Angleterre à la merci d'un coup de brigandage de la France.* » Pour calmer ces préoccupations plus ou moins fondées, mais profondément enracinées, il suffisait de faire trêve un moment à nos mesquines discussions, d'accepter les offres d'une action commune en Egypte. Dès notre entrée au Caire, l'entente, un moment refroidie par les difficultés et les lenteurs du renouvellement du traité de commerce, reprenait une nouvelle force. Désormais l'alliance était indissoluble pendant de longues années. Nous pouvions compter sur l'appui de l'Angleterre dans le cas d'un conflit européen. Sans être trop pessimiste, il faut le prévoir dans un avenir plus ou moins éloigné. Hélas! l'horizon noircit autour de nous, le ciel politique se charge d'orages. Tant qu'il est temps encore, évitons d'amers et inutiles regrets.

Un danger nouveau nous menace à l'extérieur, depuis la formation d'une alliance entre l'Allemagne, l'Autriche et l'Italie. Les conséquences les plus graves peuvent en résulter dans toute l'Europe; mais pour en concevoir l'importance, il est utile de remonter à ses origines en jetant un coup d'œil sur les circonstances qui ont amené sa formation.

Certains pourront croire qu'il s'agit d'un évènement tout récent et imprévu. Ils sont dans une erreur profonde. Cette triple alliance au contraire a été méditée et préparée de longue main par M. de Bismarck. Là du reste, comme en toute occasion, sa politique a conservé le même caractère, suivi la même tactique. Point d'ostentation ni de violence téméraire, mais une lenteur réfléchie que donne à ses desseins une marche certaine vers le but qu'il s'est proposé d'atteindre. Il suffit souvent, pour faire tourner à son avantage les destinées de l'Europe qu'il veut soumettre à la prépondérance des forces militaires de l'Allemagne, il suffit à sa diplomatie habilement conduite de tendre un piège à l'homme ou à la nation, qui, poussés par une main invisible, se laisseront prendre sans méfiance. Et lorsque, enveloppés dans ses filets, ils seront réduits à l'impuissance, le sauveur se présentera pour les sortir d'embarras, sans manquer de tirer profit de sa victoire facile.

Dès 1870, M. de Bismarck songea à se rapprocher de l'Autriche et de l'Italie. Il trouvait dans l'Empire des Tsars une puissance gênante, sinon nuisible à ses projets, de conquête et de domination vers l'Occident; il fallait à sa politique un moyen de contrebalancer les forces que lui opposerait la Russie et de les diriger le plus possible vers l'Orient. On sait qu'au moment de commencer la guerre contre la France, il eut à ce sujet de graves préoccupations. Il ne pouvait franchir nos frontières qu'après avoir reçu la promesse formelle de Saint-Pétersbourg que les armées russes seraient tenues éloignées des frontières allemandes. Sans les garanties d'abstention arrachées aux complaisances d'Alexandre II, jamais la campagne de France n'aurait abouti à un si grand désastre, à l'écrasement complet de nos forces militaires, aux charges si lourdes du traité de paix dicté par nos vainqueurs. La preuve certaine des craintes que dut concevoir le chancelier d'Allemagne résulte de cette dépêche que l'empereur Guillaume adressa, du champ de bataille de Sedan, à l'empereur de Russie, dans laquelle il lui disait qu'après Dieu c'était de lui qu'il tenait la victoire. Plus tard, les deux catastrophes de Sadowa et de Sedan n'ayant pas atteint la Russie, cette nation parut avec un prestige envié par sa voisine, avec une prépondérance dans les affaires européennes résultant de l'énormité de ses ressources militaires demeurées intactes et de l'immensité d'un territoire à l'abri de toute invasion. Dans cette situation, le cabinet de Saint-Pétersbourg devenait un jour ou l'autre un centre exclusif de médiation, un tribunal suprême où seraient jugés les conflits survenus entre les grandes puissances de l'Europe; qui sait même si la France et l'Autriche n'iraient pas y chercher des encouragements à leurs projets de revanche contre la Prusse? M. de Bismarck ne pouvait songer à une guerre pour affaiblir l'importance du rôle que la Russie pouvait être appelée à jouer à l'Occident. Pour arriver à ce but, il eut recours à la diplomatie, il commença la formation d'une triple alliance. L'Autriche, gagnée par une communauté d'intérêts, par des flatteries et des promesses séduisantes, devenait un instrument pour servir la politique allemande, par suite de ses dissidences avec la Russie du côté des Balkans. En favorisant ses convoitises d'agrandissement vers la Turquie, M. de Bismark devenait maître d'ouvrir à son gré la question d'Orient. Il avait les moyens de tenir constamment la Russie en éveil, d'aggraver ses inquiétudes, de faire naître des conflits que la guerre pouvait suivre; en un mot, d'éloigner sa rivale d'Occident, d'affaiblir sa puissance et ses ressources par l'entretien d'une armée avec de gros effectifs toujours prêts à entrer en campagne. L'Italie vint ensuite donner une adhésion empressée. Ce rapprochement avec deux puissances de premier ordre était pour elle une cause d'amour-propre satisfait et surtout un moyen de nous donner, en échange des services que la France lui avait rendus, un témoignage de mécontentement et de jalousie. Dans d'autres circonstances, le gouvernement italien avait fait des ouvertures à la cour de Vienne. Ses ambassadeurs n'avaient trouvé qu'un refus hautain, avec les sentiments d'une hostilité encore vive et naturelle chez un peuple qui, ennemi la veille, s'était vu arracher par les armes une partie de son territoire. Sous la puissante égide de l'Allemagne, il fallait bien se tendre la main en acceptant la consécration définitive des conquêtes passées. Et l'Italie est entrée dans la triple alliance, heureuse d'exercer contre nous une sorte de représaille à la suite du protectorat imposé à la Tunisie au mépris de ses prétentions. Trop faible pour nous attaquer, elle vient s'unir aux ennemis de ses bienfaiteurs, pour nous adresser au moins une menace et nous prouver son désir de satisfaire sa vengeance à la première occasion.

L'alliance des trois empereurs vise principalement la France. Cela résulte des termes même dans lesquels elle a été formulée. Le programme de cette coalition ne peut être que celui-ci : sous le prétexte de maintenir la paix dans l'Europe entière, opposer une barrière infranchissable à notre isolement, nous empêcher, pendant de longues années, de donner suite à tout projet de revanche.

Faut-il voir dans ces préoccupations une menace contre la conservation de la République? Que notre gouvernement se rassure ; le mot d'ordre a été partout donné par M. de Bismark et la consigne sera rigoureusement observée. Un jour, le comte d'Arnim crut, suivant ses idées, servir les intérêts du Maître en prenant une part active aux tentatives qui furent faites pour le rétablissement de la Monarchie. Aussitôt la conduite de l'ambassadeur fut publiquement désavouée et l'ordre donné de ne point sortir, en toute occasion de ce genre, de la plus stricte neutralité. Il n'est pas douteux que M. de Bismark souhaite le maintien de la République en France, au moins de celle que nous possédons aujourd'hui ; qu'il se montre moins partisan de ce gouvernement modéré et conservateur qui eut pour chefs les Thiers, les Dufaure et les Jules Simon, c'est probable. Mais il voit que nous en sommes loin. Il reste persuadé, plus que jamais, que la République est pour nous une cause d'affaiblissement continuel qui nous condamne fatalement à l'impuissance. Du reste, pour être pleinement convaincu de l'existence de ces faits, il suffit de consulter les discours des représentants officiels des nations alliées et les organes les plus accrédités de la presse étrangère. On trouvera partout cette affirmation ironique, surtout blessante pour notre amour-propre national : « C'est une triple alliance pour le maintien de la République en France, laquelle est un gouvernement forcément pacifique, parce qu'elle est un gouvernement énervé et énervant. »

En assurant le présent, les nations alliées ont encore cherché pour l'avenir des garanties certaines de stabilité. Elles n'avaient pas oublié que M. Gambetta avait, dans plusieurs des discours prononcés, soit à Lille, soit à Cherbourg, cru devoir faire parade de beaux sentiments patriotiques, mais alors inopportuns et dangereux, en excitant les désirs prématurés d'une revanche prochaine. De plus, elles ont vu nos ministères soumis à des changements continuels. Chez nous, les hommes passent à la direction des affaires publiques pour disparaître du soir au lendemain, et tous ceux qui sont appelés à les remplacer arrivent au pouvoir avec des idées et des manières de gouverner toutes nouvelles. En République, on sait bien ce qui s'est fait la veille, mais jamais ce qui nous attend au jour suivant. Or, il pourrait bien arriver, soit à la présidence du conseil, soit au ministère des affaires étrangères, un de ces hommes qui, par maladresse ou ambition, nous lancerait, sans aucune chance de réussite, dans cette folle entreprise, dont M. Gambetta a posé les premiers jalons. Actuellement, le maintien de la paix repose sur des bases fragiles qu'un souffle pourrait renverser ; il n'entre pas dans les vues de M. de Bismarck de laisser troubler contre son gré les eaux dormantes de la politique européenne. Il a cherché pour cela à nous éloigner plus que jamais de la seule nation qui, en cas de guerre, devait nous apporter le secours indispensable de ses forces militaires. Sans son appui, impossible d'égaliser le poids des armes et les chances de succès. Le Czar actuel était loin de se montrer indifférent aux malheurs et aux destinées de la France dont il avait les sympathies ; une alliance offensive était au moins possible pour reprendre à la Prusse nos prérogatives perdues avec nos anciennes frontières du Rhin. Une alliance avec l'Autriche permettait à M. de Bismarck d'écarter ces éventualités pour longtemps. Par son intermédiaire, il devenait maître de nouer ou de dénouer les fils embrouillés de la question d'Orient. En attendant il favoriserait les projets d'agrandissement de l'Autriche, « la politique des lieues carrées » suivie par l'empereur François Joseph ; tiendrait toujours en main le conflit oriental prêt à éclater entre ces deux nations naturellement divisées par les opinions et les intérêts ; forcerait la Russie à s'éloigner de nous pour s'incliner vers l'Orient et si un rapprochement avec la France devenait quand même menaçant, il lui restait la ressource suprême de l'envoyer dans les Balkans repousser les armées autrichiennes et leur disputer les dépouilles de la Turquie.

Nous avons affirmé tout d'abord que notre situation était gravement compromise à l'extérieur; nous croyons l'avoir suffisamment prouvé.

Que faire pour conjurer ces périls ? Par quels moyens corrigera-t-on les fautes commises par le gouvernement républicain dont les résultats funestes doivent être attribués à la maladresse imprévoyante de ses chefs? Sans nul doute tout autre gouvernement, composé d'hommes moins aveugles, aurait mis tous ses soins à se rapprocher de l'Angleterre, notre alliée naturelle, dont les intérêts étaient les plus intimement liés aux nôtres. Nous aurions dû conserver à son côté notre place en Egypte, cette situation conquise aux prix des efforts et des sacrifices de plusieurs années, dont le maintien est devenu nécessaire à nos relations commerciales. La perte n'est pas irrévocable ; mais il est urgent de reprendre à l'amiable le terrain que nous a fait perdre l'oubli d'un moment. La Monarchie seule est en mesure de nous rendre ces avantages. Avec elle reparaîtront la confiance et le prestige que nous devons avoir à l'étranger ; nos ambassadeurs retrouveront une parole autorisée au milieu des cours étrangères. Si on nous respecte encore, on a cessé de nous estimer. Avec un Roi l'estime et le respect sont acquis à la France : on nous évite aujourd'hui, on nous a condamnés à l'isolement; demain notre alliance sera enviée comme un privilège de la fortune, comme la conséquence de la parenté de nos princes, et des témoignages de sympathie et d'admiration qu'ils ont reçus de tous les souverains de l'Europe. Pendant que le roi Alphonse XII était aux prises avec le parti républicain espagnol, dont il détruisait les espérances par le renversement du ministère Sagasta et la dissolution des Cortès, M. le comte Paris arriva à Madrid et séjourna quelque temps à la Cour. L'entrevue fut des plus cordiales ; il fut même répété dans la presse, que, si les événements avaient tourné à l'avantage du jeune Roi, il le devait en partie aux conseils qu'il avait demandés à son cousin.

La Monarchie restaurée aura aussi divers moyens de combattre les funestes effets de la triple alliance. Elle devra démasquer franchement les projets cachés de l'Allemagne, en disant à tous la vérité. A l'Autriche : voyez la situation qui vous est réservée. Un jour ou l'autre M. de Bismarck se servira pour vous nuire de vos complaisances en sa faveur, vous serez les esclaves malgré vous de la politique allemande. Prenez garde ! elle va vous imposer une nouvelle défaite diplomatique. Que votre fierté nationale éveille des méfiances légitimes ! Songez encore à l'écrasante défaite de Sadowa ! Vous ne devez pas fournir l'occasion d'un nouveau triomphe à ces dangereux vainqueurs dont vous avez senti comme nous l'étreinte meurtrière et le « *talon de fer* ».

Nos relations avec la Russie deviendront plus intimes du jour où elle reconnaîtra que la triple alliance cache un complot diplomatique, dirigé contre la France, mais dont elle pourrait devenir la première victime. Du reste, elle se sent menacée vers l'Orient et il sera facile de la tenir en garde. Si le cabinet de Saint-Pétersbourg tient à conserver son prestige, son indépendance, avec un rôle de médiateur et d'arbitre dans les grands événements qui pourront survenir en Europe, nous devons le suivre et l'encourager dans cette voie par l'appui moral de nos influences. Il a tout intérêt à conserver une nation puissante à l'Occident, de même que toutes les nations désireuses de conserver l'équilibre européen doivent se rappeler que « *si la France vient à périr, il n'y a plus d'Europe.* »

CONCLUSION

Nous arrêtons là cette étude. Heureux si les faibles moyens dont nous avons pu disposer, si l'indulgence et la bonne foi des lecteurs nous permettent de gagner à la Cause monarchique quelques esprits encore aveuglés par les utopies républicaines.

La situation politique se dessine clairement. Le jour est venu de vulgariser sans relâche les idées et les traditions vraiment royalistes. Qu'elles forment bientôt un courant irrésistible entraînant les faibles, les timorés, les hésitants ! Dès lors le succès est assuré. Un défaut d'entente dans l'organisation, dans les mesures pratiques a été longtemps la première cause de notre faiblesse et des victoires faciles de nos adversaires. Aujourd'hui les hommes d'ordre se groupent, ils entendent les appels qui leur sont adressés de toute part ; il ne s'agit plus que de les transformer en hommes d'action. Pour cela, il faut d'abord éclairer le suffrage universel en arrachant les masses à l'ignorance, au préjugé, à la peur même que leur inspirent nos institutions monarchiques. On a essayé de rendre « *la République aimable* » sans y réussir ; il est facile de procurer cet avantage à la Royauté. Quelles raisons de craindre et de soupçonner un gouvernement qui mieux que tout autre s'intéresse à la conservation de nos grandes et légitimes libertés? Son passé garantit l'avenir. Nous en avons fourni les preuves les plus certaines. Dans ce siècle, il a toujours respecté les droits de tous les partis, fait preuve de la plus grande conciliation, défendu tous les intérêts respectables, développé les prospérités nationales par tous les moyens en son pouvoir. Agir autrement dans l'avenir, serait se mettre en contradiction formelle avec les hommes et les évènements de la Restauration et du Gouvernement de Juillet. Or, une telle supposition est non seulement invraisemblable, mais encore elle force à traiter de lâches imposteurs ces hommes d'Etat que nous avons pris comme guides dans nos recherches et dont les doctrines viennent à l'appui de nos allégations. A ceux qui doutent encore, nous dirons en terminant : Ceux que nous avons suivis et que nous proposons comme modèles, ont livré leurs opinions et leurs systèmes à la publicité des ouvrages et des discours ; écoutez leurs paroles et consultez leurs écrits. Ces profonds politiques furent, sous la Restauration, les Richelieu, les de Serres, les de Villèle, les de Martignac ; sous la Monarchie de Juillet, les Casimir Perier, les duc de Broglie, les Guizot, les Molé, sans oublier cette école libérale toute dévouée à la cause royaliste, qui eut pour chefs les Berryer, les de Falloux, les Montalembert. Si de tels hommes sont dignes d'admiration, d'estime et de confiance, peut-il en être autrement pour les Institutions qu'ils ont défendues et prônées comme les meilleures? Est-il possible enfin que des esprits si éclairés et si nombreux aient tous été frappés d'aveuglement, ou qu'ils se soient tous entendus pour tromper leur pays?

Les temps sont changés, a-t-on dit. Les peuples ont des aspirations nouvelles commandées par les progrès de la civilisation ; 1830 comme 1814 doit rester loin de 1884 ; la France est devenue et sera toujours un pays républicain.

Nous sommes d'accord avec ceux qui croyent à l'impossibilité d'une confusion entre les premières et les dernières années du siècle. L'étude des Monarchies constitutionnelles du moment a prouvé que nulle autre forme de gouvernement n'était plus susceptible de se perfectionner, de suivre les idées, les mœurs, les progrès d'un peuple dans tous ses développements. Non! la Monarchie ne sera pas rétrograde. Elle ne prendra au passé que ce qui doit rester immuable : avant tout, le principe d'autorité. D'ailleurs, bien des réformes sont consacrées par l'usage et acceptées d'avance; en somme le gouvernement de 1884 s'éloignera de celui de 1814, peut-être plus encore que la République actuelle ne s'éloigne à son tour de celle de 93. Quant à soutenir que la Royauté inspire au peuple une insurmontable aversion, rien n'est plus faux. Le viel arbre, plusieurs fois séculaire, a poussé dans notre sol des racines trop profondes, pour les avoir sitôt arrachées. Que nos adversaires y aient mis tous leurs efforts : c'est possible. Ils ont tout intérêt à chercher ce résultat. Mais la vérité se fait jour ; bientôt la fraude démasquée ne servant plus leurs projets, nous les verrons, désarmés et vaincus, fuir la condamnation de l'opinion publique.

Les élections municipales qui ont eu lieu tout récemment prouvent que la lassitude commence. C'est le prélude de l'aversion. Le pays revient ouvertement à la Monarchie. Tout le parti conservateur comprend l'importance de son rôle, surtout il est décidé à agir, à prendre par la base la reconstruction de l'édifice. La Commune est le centre d'élection le moins étendu. Là l'influence locale s'exerce plus librement, l'électeur connaît son candidat et ce dernier, entrant en relation directe avec l'électeur, peut attirer sa confiance, sa sympathie et lui montrer les erreurs dont il est la victime inconsciente; là enfin, les questions irritantes de la politique disparaissent devant celles d'un intérêt local, la discussion se place sur un terrain pacifique où l'entente et la conciliation deviennent faciles. Les conservateurs ont partout soutenu la lutte très vaillamment. En somme, ils ont gagné plusieurs communes, et surtout un grand nombre de sièges. Dans plusieurs grandes villes, l'opposition a réussi à écarter un conseil municipal tout entier républicain et, là où elle n'a pas obtenu des nominations, elle a réuni des minorités plus considérables, comme à Paris, à Marseille, à Bordeaux et dans bien d'autres centres d'une importance secondaire.

Dans un an environ les élections législatives placeront de nouveau les Monarchistes en présence de leurs adversaires politiques. La lutte sera générale, peut-être décisive. Dès ce jour préparons-nous. Sans sortir de la légalité, sans perdre notre attitude franche et loyale, sans porter la plus légère atteinte à la probité et à l'honneur d'un parti, qui ne craint pas de parler et d'agir au grand jour, il est urgent de mettre à profit tous les moyens de propagande. Parmi les plus efficaces, on nous signale le journal, la brochure, la conversation. Ils ne peuvent donner que les meilleurs résultats; mais leur utilité est subordonnée à des mesures et des créations d'une importance plus considérable. Ce sont des instruments qui ne peuvent servir au travail qu'entre les mains d'habiles ouvriers. On comprend notre allusion; passons sans insister. Nous renvoyons dans tous les cas à l'observation du rôle et de l'influence des comités républicains.

Il nous manque une organisation locale, une action soutenue, une longue préparation aux élections. Que de fois, pour ne pas dire toujours, les conservateurs sont arrivés à l'ouverture du scrutin avec huit ou quinze jours de travaux préparatoires! Tout juste le temps de réunir quelques électeurs pour composer les affiches et distribuer les bulletins de vote. Nous sommes unis ; soyons toujours prêts longtemps avant les élections : rien n'est plus facile, car une seule chose manque : la constance dans la bonne volonté.

Rappelons enfin que, suivant toute probabilité, le triomphe de la cause monarchique, malgré les incapacités, les abus de pouvoir, les vexations et les fautes de l'Administration actuelle, malgré l'affaiblissement toujours croissant du parti bonapartiste, malgré le retour d'un grand nombre de libéraux, désabusés et las du spectacle de tant de violences et d'inepties, ne sera obtenu qu'au prix de bien des efforts et de sacrifices. Ne faut-il compter que sur une intervention providentielle ? Faut-il attendre que la nation, abandonnée à elle-même, vienne d'un commun accord mettre fin à ce régime humiliant ; qu'elle se tourne suppliante vers la Monarchie, comme la seule solution possible et capable de sauver ses intérêts les plus chers ? Non ! Il faut que la Monarchie devienne la *carte gagnée* et non *la carte forcée*, ce qui est bien différent.

DANIEL BONNARD.

Marmande, 20 mai 1884.

IMPRIMERIE GÉNÉRALE (E. MÉTAY) BERGERAC

www.ingramcontent.com/pod-product-compliance
Ingram Content Group UK Ltd.
Pitfield, Milton Keynes, MK11 3LW, UK
UKHW021056270726
13967UKWH00012B/1964